Mami Nakamura

VON AMATERASU BIS OLYMPIA

VON AMATERASU BIS OLYMPIA

45 historische und sagenhafte Erzählungen aus Japan

Erzählt und illustriert von Mami Nakamura,
aus dem Original ins Deutsche übersetzt von Takashi Hashimoto
Herausgegeben von der Deutsch-Japanischen Gesellschaft Trier e. V.

INHALT

VORWORT

Als uns von Herrn Shigeru Kambayashi das vorliegende Buch in japanischer Schrift von Mami Nakamura vor einiger Zeit übergeben wurde, ahnten wir noch nicht, welches Projekt daraus entstehen würde.

Herr Kambayashi ist der Vorsitzende der „Nagaoka City Foundation for Art and Culture Promotion" (Kunst und Kultur-Stiftung Nagaoka) der Partnerstadt Triers. Er meinte, dass wir die japanische Seele besser verstehen könnten, wenn wir dieses Buch lesen würden. Wir haben das Buch an manche/n Interessierte/n ausgeliehen und alle haben uns bestätigt, dass die Auswahl der Geschichten und die Bilder vielerlei von und über Japan erzählen, was zum Verständnis der japanischen Denkweise beiträgt. Leider blieb diese Möglichkeit all denen verborgen, die nicht Japanisch lesen können.

In vielen Gesprächen konnten wir Interesse an einer Veröffentlichung des Buches in deutscher Übersetzung feststellen, wobei nicht nur die Geschichten, sondern auch die begleitenden Bilder auf großes Interesse stießen, was uns das Projekt weiterverfolgen ließ.

Bei einem Besuch in Japan sprachen wir mit einem begeisterten Anhänger der deutsch-japanischen Freundschaft, Herrn Prof. em. Takashi Hashimoto, Universität Utsunomiya, über das Buch. Professor Hashimoto hat sich nicht nur durch seine Forschung in Bezug auf die Brüder Grimm einen Namen gemacht, sondern auch durch sein unermüdliches Engagement für den Jugendaustausch, für Städtepartnerschaften und für die Belange behinderter Menschen. Sein Lebenswerk wurde durch die Verleihung des Verdienstordens der Bundesrepublik Deutschland, des JaDe-Preises (Preis der Stiftung zur Förderung japanisch-deutscher Wissenschafts- und Kulturbeziehungen) und des „Mittleren Ordens des Heiligen Schatzes", „Zuihō chūjushō" (Japan), gewürdigt.

Er erklärte sich spontan dazu bereit, sich der Übersetzung anzunehmen, um damit den Grundstein für die Herausgabe des Buches in deutscher Sprache zu legen.

Nach der Überarbeitung der Übersetzung durch Frau Marianne Binzen, Trier, hat das Projekt eine weitere Hürde auf dem Weg zur Veröffentlichung genommen, sodass „nur noch" die Finanzierung zu bewerkstelligen war.

Im Juli 2018, kurz nach ihrem Amtsantritt in Frankfurt, besuchte Frau Setsuko Kawahara, Generalkonsulin von Japan, das Trierer Werk von JTI (Japan Tobacco International) und wir hatten die Gelegenheit, sie bei diesem Besuch zu begleiten. Als internationales Unternehmen mit japanischen Wurzeln ist es JTI ein besonderes Anliegen, die faszinierende Geschichte und Kultur Japans auch hierzulande erlebbar zu machen und den Austausch und die Beziehungen beider Länder zu vertiefen und zu fördern.

Durch eine im Einklang mit diesem Ziel stehende großzügige Spende von JTI im darauffolgenden Jahr war der Weg zur Publikation unseres Buch-Projektes geebnet. Unser Dank an JTI bezieht sich aber nicht nur auf die Realisierung des vorliegenden Buches, sondern auch auf die langjährige Zusammenarbeit im Bereich der Kulturförderung und -verständigung und die damit einhergehende nachhaltige Unterstützung der Arbeit der Deutsch-Japanischen Gesellschaft Trier e. V.

Dank gilt auch dem Budokan Verlag, Tokyo, bei dem das Buch in der japanischen Original-Ausgabe erschienen ist, für die Überlassung der Original-Dateien und die freundliche Genehmigung, das Buch in Deutschland veröffentlichen zu dürfen. Auch diese großzügige Geste unterstreicht den dort gehegten Wunsch, die deutsch-japanische Freundschaft zu erhalten und zu vertiefen.

Wir hoffen, dass dieses Buch seinen Weg zu all denen findet, die die japanische Seele besser verstehen wollen. Durch die Auswahl der Geschichten gibt das Buch auch einen Einblick in die Geschichte und Mythologie von Japan, wie man ihn in dieser Art und Zusammenstellung selten findet.

April 2020

Johann Aubart
Präsident der DJG-Trier e. V.

1. DER GEWITZTE PRIESTERLEHRLING

Es war einmal ein Priesterlehrling namens Ikkyū. Der war wegen seiner Schlagfertigkeit im ganzen Land bekannt. Eines Tages hörte der Fürst des Landes von Ikkyū und lud ihn in sein Schloss ein.

Der Fürst sprach zu ihm: „Ich habe gehört, dass du wegen deiner Klugheit bekannt bist und richte daher eine Bitte an dich. Hier steht ein Wandschirm, auf den ein Tiger gemalt ist. Dieser Tiger tritt jede Nacht aus dem Bild hervor und richtet Schabernack an. Ich weiß nicht mehr, was ich tun soll. Kannst du diesen Tiger nicht einfangen und fesseln?" Ikkyū antwortete ihm: „Ich verstehe. Ein schrecklicher Tiger ist das. Da würde ich mir auch Sorgen machen. Bitte überlassen Sie das mir." Sofort wickelte er sich ein Handtuch um den Kopf und krempelte die Ärmel hoch. Er nahm ein Seil, das ihm ein Untertan des Fürsten gab, stellte sich in Positur und warf dem Tiger auf dem Wandschirm einen drohenden Blick zu. Zu dem Fürsten sagte er: „Mein Fürst, ich bin bereit. Bitte treiben Sie nun den Tiger aus dem Wandschirm heraus. Ich werde ihn sofort fassen und in Fesseln legen!" Da antwortete der Fürst: „Was sagt er da? Man kann doch einen Tiger, der nur gemalt ist, nicht aus einem Wandschirm heraus treiben." Ikkyū lächelte und bedauerte: „Das ist sehr schade. Wenn der Tiger nicht rauskommt, dann kann ich ihn auch nicht einfangen." Er richtete sich wieder auf und verbeugte sich darauf tief vor dem Fürsten. Als der Fürst dies sah, lachte er lautstark los. „Du hast natürlich recht, Ikkyū. Bravo! Dafür sollst du eine Belohnung erhalten."

Und so kehrte Ikkyū reich beschenkt zum Tempel zurück.

2. DIE BEZWINGUNG DES GEFÄHRLICHEN HIYODORIGOE-PASSES

Diese Geschichte ereignete sich vor 800 Jahren, als ganz Japan sich unter dem Banner von zwei verfeindeten Samurai-Familien, den Genji und den Heike, gegenseitig bekämpfte. Bei einem dieser Kämpfe wurden die Heike schließlich besiegt und mussten aus der Hauptstadt Kyoto nach Süden fliehen. Minamoto no Yoshitsune, ein Mitglied der Genji-Familie, vertrieb die verfeindete Familie bis nach Fukuhara im Land Settsu. (Das liegt in der heutigen Präfektur Hyōgo.)

„Wir steigen den Hiyodorigoe-Pass herab", befahl Yoshitsune seinen Gefolgsleuten. Der Hiyodorigoe-Pass führte durch ein zerklüftetes Gebirge, ihn zu überqueren war sehr schwierig und gefährlich. Yoshitsunes Gefolgsleute schauten sich fragend an. Wer diesen steilen Weg durchschreitet, stürzt bestimmt in den Tod. Sie zögerten. Als Yoshitsune ihr Zaudern erkannte, fragte er ihren einheimischen Führer: „Kann ein Hirsch den Hiyodorigoe-Pass überqueren?" Als dieser sofort nickend bejahte, meinte Yoshitsune nur: „Hirsche können den Pass überqueren. Warum sollten das Pferde folglich nicht können?" Mutig ritt er voran.

Unter seiner Leitung verfolgten die Genji-Truppen den Tross der Heike-Familie und erreichten schließlich das Gebirge im Norden des Ichino-Tales, über das der Weg zum Hiyodorigoe-Pass führte. Die verfolgten Heike-Truppen hatten mittlerweile am Fuße des Gebirges ihr Lager aufgeschlagen und bemerkten nicht, dass ihre Feinde nahten.

„Los! Folgt mir nach!", rief Yoshitsune und ritt in flottem Tempo voran. Als seine Leute ihn sahen, fassten auch sie Mut und ritten kühn und fest entschlossen die Felsen hinunter.

Die Heike-Truppen erschraken zutiefst, mit einem solchen Überfall hatte niemand gerechnet. Ein tumultartiges Durcheinander entstand in ihren Reihen. Jeder versuchte, sich selbst zu retten und zu den Schiffen im Hafen zu gelangen, um auf ihnen den Feinden entkommen zu können. Und so entkamen letztendlich die Heike-Truppen ihren Feinden und gelangten nach Yashima im Sanuki-Land (heute: Präfektur Kagawa).

3. DIE PFORTE DER HIMMLISCHEN GROTTE

Diese Geschichte begab sich im Zeitalter der Götter.

Susanō no Mikoto war der Bruder der Sonnengöttin Amaterasu Ōmikami und für einen Gott untypisch gewalttätig. Er nutzte die Stellung seiner älteren Schwester aus, um schrecklich zu wüten und zu toben. Daher warnte sie ihn oft vor seinen Taten und deren Folgen, aber er hörte nicht auf sie und schlug all ihre Warnungen in den Wind. Amaterasu ärgerte sich schließlich so sehr über ihn, dass sie sich in die himmlische Grotte zurückzog. Sobald sie über die Schwelle trat, verloren sowohl die himmlische Welt, Takamanohara, als auch die irdische Welt, Ashiharanonakatsukuni, jegliches Licht. Auf der Stelle versank die ganze Welt in Finsternis.

In großer Angst versammelten sich Myriaden von Göttern und beratschlagten, wie es nun weitergehen solle. Nach geraumer Zeit beschlossen sie, sich vor der Pforte der himmlischen Grotte zu versammeln und so viel Lärm zu machen, dass Amaterasu schließlich aus der Grotte herauskommen werde. Sie trieben Hunderte von Hühnern zusammen, die alle auf einmal gackerten. Außerdem tanzte eine der Göttinnen, Ame no Uzume no Mikoto, so ausgelassen und witzig, dass die Götter sich halb totlachten und dabei einen Höllenlärm verursachten. Dieser große Krach machte Amaterasu neugierig. Sie fragte sich, was draußen los sei. Schließlich öffnete sie die Pforte ein wenig und schaute vorsichtig hinaus.

In diesem Augenblick jedoch fasste ein starker Gott, Ame no Tajikarao no Kami, das schwere, steinerne Tor, öffnete die Pforte und zog Amaterasu Ōmikami heraus. Dank der Weisheit der Myriaden Götter verließ die Sonnengöttin Amaterasu ihre Grotte, und Licht und Ordnung kehrten in die Welt zurück.

Man sagt, dass das steinerne Tor, das der kräftige Gott Ame no Tajikarao no Kami weit weg geschleudert hatte, in der Mitte Japans, im Land Shinano (heute: Präfektur Nagano) gelandet und zum Berg Togakushi[1] geworden sei.

[1] Togakushiyama bedeutet: Der Berg des versteckten Tors.

4. DAS DUELL AUF DER INSEL GANRYŪ

Miyamoto Musashi war der Begründer der Niten Ichiryū-Schwertschule. Bei seinem Vater, der ein Dōjō besaß, lernte er seit früher Kindheit Kenjutsu, den Schwertkampf. Da er sich sein ganzes Leben lang im Schwertkampf geübt hatte, wurde Musashi schließlich Kendō-Meister.

Mit 13 Jahren gewann er zum ersten Mal ein Duell. Man sagt, dass er anschließend bis zu seinem 29. Lebensjahr mehr als 60 Mal an Duellen teilgenommen habe und niemals besiegt worden sei. Das bekannteste war der Kampf auf der Insel Ganryū.

Dieses Duell fand im Jahr 1612 (Keichō 17)[2] auf der Insel Funashima statt, die später Ganryū genannt wurde (heute: Shimonoseki in der Präfektur Yamaguchi). Musashis Gegner war der Schwertkämpfer Sasaki Kojirō, der mit einem echten Schwert kämpfen wollte. Musashi erklärte: „Du kannst ein echtes Schwert benutzen und damit deine ausgefeilte Technik unter Beweis stellen. Ich aber werde gegen dich mit meinem Holzschwert kämpfen und dir meine Geschicklichkeit zeigen!" Damit waren beide Kämpfer einverstanden.

Endlich kam der Tag des Duells. Kojirō hatte ein ca. 90 Zentimeter langes Schwert und kämpfte mit geübter Schwerttechnik gegen Musashi. Dieser besiegte seinen Gegner jedoch blitzschnell mit nur einem Schlag.

Im Jahr 1640 (Kan'ei 17) wurde Musashi als Meister des Schwertes von dem Fürsten Hosokawa Tadatoshi des Kumamoto-Schlosses aufgenommen.

1643 (Kan'ei 20) verfasste er das „Buch der fünf Ringe" (Gorin no sho). Schließlich verstarb er im Mai 1645 (Shōhō 2) im Alter von 62 Jahren.

Das „Buch der fünf Ringe", das als Ergebnis von Musashis hartem Training und dem Versuche, ernsthaft dem Weg des Schwertes zu folgen, entstand, wird nicht nur als Buch über die Lehre der Kampfkunst verstanden. Es ist ein Buch, das Lebensweisheiten lehrt und das nicht nur in Japan, sondern auf der ganzen Welt Leser findet und nach wie vor seine Leserschaft beeinflusst.

[2] In Japan gilt bis heute parallel zum westlichen Kalender die Japanische Zeitrechnung durch Herrscher- oder Jahresdevisen.

5. ŌTA DŌKAN UND DAS WAKA[3]-GEDICHT EINES MÄDCHENS

Ein kluger General, Ōta Dōkan, der das Edo-Schloss gebaut hatte, ging in seiner Jugendzeit sehr gerne auf die Jagd. In Friedenszeiten lebte er auf Feldern, schlief in den Bergen, jagte Wildschweine oder Rehe und hielt sich in der Natur auf.

Eines Tages, als er mit zwei, drei Gefolgsleuten auf der Jagd war, fing es plötzlich an zu regnen. Da bemerkte er ein Bauernhaus ganz in der Nähe und lief durch den Platzregen dorthin, um einen Mino auszuleihen. Ein Mino ist wie ein Regenmantel, allerdings aus Stroh.

Kurz darauf kam ein Mädchen mit einem weiß-blühenden Yamabuki-Zweig aus dem Haus auf ihn zu. Sie verbeugte sich höflich und überreichte Dōkan danach jenen Zweig. Dōkan verstand jedoch nicht, was dies bedeuten solle und kehrte wütend im starken Regen zum Schloss zurück.

Nach seiner Ankunft dort erzählte er seinen Gefolgsleuten, die sich um ihn versammelt hatten, was er gerade erlebt hatte. Einer von ihnen, der sehr gebildet war, antwortete ihm: „Mein General! Das Mädchen, das Ihnen diesen Yamabuki-Zweig gab, deutete damit an, dass es keinen Regenmantel hat."

Zum Verständnis muss man wissen, dass es in früherer Zeit ein bekanntes Waka gab. Es lautete folgendermaßen:

> „Nanae yae hana wa sakedomo yamabuki no
> Mi no hitotsu dani naki zo kanashiki".
> „Obgleich der Yamabuki sieben oder acht Blüten trägt, kann er keine Frucht vorweisen – wie traurig!"

Wenn man das „mi no" im Gedicht als ein Wort liest, bedeutet es, dass das Mädchen traurig ist, weil es keinen Regenmantel hat, den es ausleihen könnte.

Als Dōkan das hörte, schämte er sich dafür, dass er zu wenig Bildung besaß. Daraufhin übte er sich fortan nicht nur im Bogenschießen, sondern fing auch an, fleißig zu lernen. Man sagt, dass er später zu einem der besten Waka-Meister wurde.

[3] Ein Waka ist ein japanisches Kurzgedicht mit 31 Silben.

6. DIE LEHRE VON DEN DREI PFEILEN

Mōri Motonari, ein Kriegsheld, der während der Zeit der streitenden Reiche[4] über das Chūgoku-Land[5] herrschte, hatte drei Söhne.

Eines Tages ließ Motonari seine drei Söhne zu sich kommen und gab jedem von ihnen einen Pfeil. Er befahl: „Versucht sie zu zerbrechen!“ Ohne Schwierigkeiten brachen die Söhne die Pfeile mit einem kurzen Knacken entzwei. Erneut gab Motonari jedem Sohn Pfeile, dieses Mal aber jeweils drei. Er befahl: „Versucht nun diese drei Pfeile im Bündel zu zerbrechen!“ Mit allen Kräften versuchten es die Söhne, aber es gelang ihnen nicht.

Daraufhin sagte der Vater: „Habt Ihr verstanden? Wenn man drei Pfeile zusammenlegt, selbst wenn es nur dünne Pfeile sind, werden sie umso stärker. Wenn ihr drei Söhne alle eure Kräfte vereint, um unser Land zu schützen, so könnt ihr von keinem Feind besiegt werden!“

Diese Lehre ihres Vaters vergaßen die drei Söhne nie, und Hand in Hand kämpften sie gegen Schwierigkeiten aller Art. Noch heute wird behauptet, deswegen habe die Familie Mōri immerfort gesiegt.

[4] Jap. sengoku-jidai (Zeit der streitenden Reiche) ca. 1477–1573.

[5] Die heutigen Präfekturen Okayama, Hiroshima, Yamaguchi, Tottori und Shimane.

7. YAMANAKA SHIKANOSUKE – GIB MIR SIEBEN SCHWIERIGKEITEN UND ACHT NÖTE!

Dies ist die Geschichte von Yamanaka Shikanosuke Yukimori, dem Anführer der zehn Generäle des Amago-Clans.

Im Jahr 1565 (Eiroku 8) betete Shikanosuke zum Mond, der als Sichel über dem Berg stand. Seit einem halben Jahr war die Gassan Toda-Burg, der Hauptwohnsitz der Familie Amago, von den Soldaten von Mōri belagert worden.

„Sichelmond, ich bete dich an! Gib mir sieben Schwierigkeiten und acht Nöte!"[6], flehte Shikanosuke den Mond an.

Shikanosuke, der seit seiner Kindheit das Bogenschießen und Reiten mit großem Eifer erlernt hatte und sich darüber hinaus in der Kunst der Kriegsführung sehr gut auskannte, hatte sich in seinem ersten Feldzug einen sehr guten Ruf erworben. Er trug damals einen Helm mit Sichelmond auf der Vorderseite und Hirschhörnern auf beiden Seiten. Damit ritt er in rasendem Galopp über das Schlachtfeld und versetzte durch seine Verwegenheit seine Feinde in Angst und Schrecken, sodass diese flohen.

Aber trotz der Stärke und Kühnheit Shikanosukes konnten seine Soldaten, die in die Enge gedrängt waren, ihre Feinde nicht zurückschlagen. Auf Shikanosuke warteten harte Zeiten. Letztendlich kapitulierten die Mitglieder des Amago-Clans und die Gassan Toda-Burg fiel im Jahr 1566 (Eiroku 9).

Zehn Jahre lang kämpfte Shikanosuke nun alleine gegen die Feinde und hatte nur den einen Wunsch, die Familie Amago wieder zu vereinen. Immer wieder kämpfte er gegen die Truppen von Mōri. Er bat den Fürsten Akechi Mitsuhide um Hilfe. Ein anderes Mal lieh er sich Soldaten von dem Samurai Oda Nobunaga aus. Ein weiteres Mal überquerte er mit Hilfe des Seeräubers Nasa Nihon'nosuke die Oki-Inseln (heute: in der Präfektur Shimane) und fiel mit den Soldaten des Feudalherren Sasaki Tamekiyo in Izumo ein, wo er fünfzehn Burgen der Mōri eroberte.

Als jedoch im Mai 1578 (Tenshō 6) das Familienoberhaupt Amago Katsuhisa Seppuku, d. h. Suizid beging, platzte Shikanosukes Traum, die Familie wieder zu vereinen, endgültig.

Shikanosuke war es, der das Wagnis einging, diesen beschwerlichen Weg zu gehen, alle Schwierigkeiten auf sich zu nehmen und dem Oberhaupt seiner Familie die Treue zu halten. In der Ruine der Gassan Toda-Burg stehen die Bronzestatue von Shikanosuke und ein Turm, der die Toten ehrt. Sie erinnern noch heute an Shikanosukes Heldentaten.

[6] Sein Gebet bedeutet, dass er zu allem bereit ist.

8. PRIESTER RYŌKAN UND DER BAMBUSSPROSS

In der späten Edo-Zeit wurde Zen-Priester Ryōkan als Sohn des Bürgermeisters von Izumozaki im Echigo-Land (heute: Präfektur Niigata) geboren. Er war ein Meister, der viele tiefsinnige kalligraphische Schriften und Waka-Gedichte hinterlassen hat.

Ryōkan war ein Einzelgänger, und so entschied er sich im Alter von 18 Jahren für ein Leben als Mönch. Nachdem er 30 Jahre lang durch Japan reiste und sich buddhistischen Praktiken widmete, bezog er einen Bergtempel in der Nähe seiner Heimat.

Eines Tages, als er aus dem Dorf nach Hause zurückkam, bemerkte er, dass sich der Boden des Tempels wölbte. Neugierig schaute er nach und entdeckte einen kleinen Bambusspross, der den Boden von unten hinaufgedrückt hatte. „Oh, was soll ich bloß tun?", rief er erstaunt.

Ryōkan holte eine Säge aus dem Schuppen, mit der er aus dem harten Holzboden ein Viereck für den kleinen Bambusspross aussägte. Freudig rief er: „So ist es besser, kleiner Spross, wachse nun frei in die Höhe!" Der Bambusspross wuchs von Tag zu Tag höher, und Ryōkan freute sich sehr darüber. Schon bald erreichte der Schössling die Decke. Ryōkan holte erneut die Säge aus dem Schuppen, dazu eine Leiter, und sägte auch aus der Decke ein Viereck. Dem Bambusspross sagte er: „Lieber Spross, höre nicht auf zu wachsen!" Dieser gehorchte und schon bald wurde aus dem kleinen Sprössling ein prächtiger Bambus. Den Menschen erschien Ryōkan, der sich liebevoll um Kinder und alle Lebewesen in gleichem Maße kümmerte, wie ein Buddha.

Noch heute berichten uns herausragende Gedichte und Schriften von der reinen und schönen Seele Ryōkans und von seinem edlen Charakter.

9. KAISER NINTOKU, DER WARMHERZIGE HERRSCHER

Kaiser Nintoku lebte in der ersten Hälfte des 5. Jahrhunderts im Takatsunomiya-Palast in der Hauptstadt des Landes Naniwa (heute: Präfektur Osaka).

Eines Tages überblickte der Kaiser von der höchsten Stelle seines Palastes aus die Stadt in alle vier Himmelsrichtungen und stellte fest, dass nur wenig Rauch aus den Schornsteinen der Häuser aufstieg. „Das bedeutet, dass die Bewohner dieser Stadt in Armut leben."

Als ihm diese Erkenntnis kam, befreite er seine Untertanen für drei Jahre von den Steuern. Er selbst sparte, indem er ein schlichtes, einfaches Leben führte. Selbst wenn die Zäune des Palastes erneuert werden müssten oder die Dächer des Palastes Löcher bekämen und Regen hineinfiel, beschloss er, diese Dienste nicht auf Kosten der Bürger verrichten zu lassen.

Drei Jahre später schaute der Kaiser noch einmal von der Veranda des Palastes über die Stadt. Überall sah er nun Rauch aus den Häusern aufsteigen, worüber er und die Kaiserin sich sehr freuten. Von den umliegenden Ländern wurden ihm nun die Bitten des Volkes zugetragen, wieder Steuern zahlen und für den Kaiser arbeiten zu dürfen, aber er erlaubte es ihnen noch nicht.

Erst nach drei weiteren Jahren gestattete er, den Palast zu renovieren, woraufhin sich sofort viele Menschen in der Stadt versammelten und sich hingebungsvoll damit beschäftigten.

Schon bald kam das Land zu neuen Kräften.

Als nächstes trieb der Kaiser intensiv die Urbarmachung des Landes und die Regulierung des Flusses voran. Um Überflutungen des Yodogawa vorzubeugen, ließ er den Mandanotsutsumi-Weiher anlegen, was als die früheste Flussregulierungsmaßnahme in Japan bezeichnet wird, und überdies ließ er die Ikaitsunohashi-Brücke bauen, die die älteste Brücke Japans sein soll.

Das Daisen-kofun, die alte Grabstätte des Kaisers Nintoku, der, solange er lebte, sein Volk liebte und sein Land sehr schätzte, befindet sich heute in der Stadt Sakai im Großbezirk Osaka.

Das Grab ist ein Lobpreis auf die Warmherzigkeit dieses großen Kaisers.

10. NAKAE TŌJU UND DIE ARZNEI FÜR SEINE MUTTER

Nakae Tōju, Konfuzianer der Edo-Zeit, hatte als Kind seine Eltern in Ōmi (heute: Präfektur Shiga) verlassen und lernte eifrig bei seinem Großvater in Yonago (heute: Präfektur Tottori).

Eines Tages im Winter bekam er einen Brief von seiner Mutter. Darin stand, dass sie stark unter Problemen mit ihrer Haut leide. Sie sei sehr rissig und platze immer wieder auf. Tōju war sehr besorgt um seine Mutter. Er hörte, dass es im Bergtempel eine wirksame Medizin für ihre Haut gab und wollte ihr diese bringen. Er begab sich folglich zum Tempel und erhielt die Arznei. Auf verschneiten Wegen ging er damit zu Fuß mehrere Tage lang von Yonago bis nach Ōmi zu seinem Elternhaus.

Als Tōju zu Hause ankam, war seine Mutter, die gerade Wasser aus dem Brunnen schöpfte, sehr erstaunt, ihren Sohn zu sehen. „Tōju, warum bist du hier?“ „Liebe Mutter, ich habe dir eine gute Arznei für deine Wunden gekauft.“ Als sie das hörte, machte sie plötzlich ein strenges Gesicht und sagte: „Was hast du uns versprochen? Du hast geschworen, erst wieder nach Haus zurückzukehren, wenn du ein angesehener Mann geworden bist. Nun hast du dein Versprechen gebrochen, um mir eine Arznei zu bringen. Aber das freut deine Mutter überhaupt nicht. Du musst sofort zurückgehen!“

Tōju verstand seine Mutter, nickte wortlos und begab sich sofort wieder auf die verschneiten Wege, um zurückzukehren.

Von da an lernte er noch eifriger, wie die Mutter es ihm aufgetragen hatte, und wurde ein ausgezeichneter Gelehrter, der seinen Schülern viele wertvolle Lehren mitgab. Aufgrund seiner großen Tugendhaftigkeit wurde er „Der Weise von Ōmi“ genannt und von vielen Menschen tief verehrt.

KAISERIN OTOTACHIBANAHIME RETTET IHREN MANN AUS GROßER GEFAHR

11. KAISERIN OTOTACHIBANAHIME RETTET IHREN MANN AUS GROßER GEFAHR

Dies ist die Geschichte von der Kaiserin Ototachibanahime, der Gemahlin von Kaiser Yamato Takeru no Mikoto.

In der ersten Hälfte des 4. Jahrhunderts wollte Kaiser Yamato Takeru die Emishi in Nordjapan erobern. Während seines Feldzuges fuhr er vom Land Sagami (heute: Präfektur Kanagawa) aus mit Schiffen über das Meer nach Kazusa (heute: Präfektur Chiba) auf die Halbinsel Bōsō. Aber als er sich mit seiner Frau und seiner Truppe auf dem Uraga-Kanal befand, gerieten sie plötzlich in einen heftigen Taifun.

An Bord des Schiffes, das auf den hohen, tobenden Wellen zu kentern drohte, dachte Kaiserin Ototachibanahime an ihren Gemahl, der die wichtige Aufgabe aufgetragen bekommen hatte, das Land zu befrieden, und wollte ihn beschützen. Und um den Zorn des Meeresgottes zu besänftigen, stürzte sie sich in das tobende Gewässer. Sofort wurde das Meer ruhiger, und das Schiff konnte ohne Gefahren sicher das Land Awa (heute: Präfektur Chiba) erreichen.

Bevor sich Kaiserin Ototachibanahime ins Meer warf, hinterließ sie jedoch ein Gedicht:

„Sanesashi sagamu no ono ni / Moyuru hi no / honaka ni tachite / Toishi kimi wa mo."

Dies bedeutet: Lieber Gatte / Von Flammen umringt im Feld von Sagami / Sprachst du mir Mut zu.

Sie schrieb dieses Gedicht in der Erinnerung daran, dass sie damals mit ihrem Gemahl auf einem Feld in Yaizu im Land Suruga (heute: Präfektur Shizuoka) von Flammen umringt waren und er sie unter Einsatz seines Lebens rettete.

Sieben Tage später wurde der Kamm der Kaiserin ans Ufer des Meeres gespült. Der Kamm wurde ihrem Grab beigelegt.

In der Zeit danach herrschte Kaiser Yamato Takeru über alle Stämme der Emishi in Nordjapan. Und als er sich auf dem Weg nach Yamato befand, sah er vom Usui-Pass im Land Kōzuke (heute: Präfektur Gunma) auf die Kantō-Ebene herab, gedachte seiner lieben Frau Ototachibanahime und seufzte: „Azuma haya", was „Ach, meine geliebte Frau!" bedeutet.

Deswegen, so sagt man, wird die Kantō-Region „Azuma" genannt, was mit den Zeichen für „meine Gattin" geschrieben wird.

PRINZESSIN NAGAKO SAIŌ UND DER KAMM ZUM ABSCHIED

12. PRINZESSIN NAGAKO SAIŌ UND DER KAMM ZUM ABSCHIED

Von der Asuka-Zeit bis zur Nanboku-chō-Zeit herrschte die Sitte, dass alle unverheirateten Frauen des Kaiserhauses als Saiō[7] der Göttin im Ise-Schrein dienen mussten. Nachfolgendes Ereignis geschah im September 1038, während der Heian-Periode (Chōryaku 2).

Die kaiserliche Prinzessin Nagako, die die älteste Tochter von Kaiser Go-Suzaku und erst acht Jahre alt war, wurde zur Saiō gewählt. Die Prinzessin, die sich zuvor im Katsura-Fluss gereinigt hatte, traf im Hauptgebäude des Kaiserhauses ihren Vater. Der Kaiser, der nun für lange Zeit von seiner Tochter getrennt sein würde, hatte beim Abschied das Gefühl, als wollte ihm die Brust zerspringen. Aber während der Abschieds-Zeremonie, „Hakken no gi" genannt, was wörtlich „Kamm des Abschiedes" bedeutet, steckte er einen Kamm in das Haar der Prinzessin und sprach: „Du darfst nicht an Kyoto denken!"

Und Prinzessin Nagako Saiō, der ihr Vater riet, nicht an ihre Heimat zu denken und stattdessen eifrig der Göttin zu dienen, trat ihre Reise nach Ise (heute: Präfektur Mie) an. Die Prozession von Kyoto nach Ise wird „Gunkō" genannt.

Saiō, die Kyoto bis jetzt noch nie verlassen hatte, ging mit Angst und Trauer in ihrem Herzen über den Suzuka-Pass und anschließend den steinigen Weg weiter. Die Menschen, die sie begleiteten, gedachten der Gefühle der Prinzessin und standen ihr sehr bemüht zu Diensten. Sechs Tage nach ihrer Abreise kamen die Prinzessin und ihre Begleiter gut in Ise an. Bevor diese nach Kyoto zurückkehren wollten, gingen sie zur Prinzessin, um von ihr Abschied zu nehmen. Saiō bedankte sich äußerst würdevoll: „Ich danke euch! Ihr habt euch große Mühe gegeben."

Die Begleiter bewunderten Prinzessin Saiōs majestätisches Benehmen. Die harte Reise und die Hingabe ihrer Begleiter jedoch gaben ihr Selbstbewusstsein und machten sie stolz.

Fortan erfüllte Prinzessin Nagako Saiō in Ise ihre Amtspflicht für den Frieden des Landes.

[7] Eine Saiō war eine unverheiratete Frau und Verwandte des Tennō, die als Priesterin am Ise-jingū oder am Kamo-Schrein diente.

ABSCHIED AM STÜTZPUNKT SAKURAI

13. ABSCHIED AM STÜTZPUNKT SAKURAI

Der einflussreiche Samurai-Clan des Kusunoki Masashige war vor allem in der Kinai-Region tätig.[8]

Nachdem Kaiser Go-Daigo seine Herrschaft im Mai 1336 (Kenmu 3) angetreten hatte, wollte Ashikaga Takauji gegen ihn aufbegehren. Er drang von Kyūshū aus nach Kyoto vor, um anzugreifen. Die kaiserlichen Truppen, die von Nitta Yoshisada angeführt wurden, waren ein Zwanzigstel im Vergleich zu den Truppen von Takauji.

Masashige, der den Befehl erhielt, Takaujis Kämpfer aufzuhalten, war sich darüber im Klaren, dass seine Soldaten besiegt werden würden, aber er entschied trotzdem, zum Kampf am Minato-Fluss anzutreten. Auf dem Weg dorthin erreichte er den Stützpunkt Sakurai, wohin er seinen Sohn Masatsura kommen ließ.

Er beschwor Masatsura: „Heute ist der letzte Tag meines Lebens, an dem ich mit dir reden kann. Sollten wir beim Kampf besiegt werden, wird bestimmt die Zeit der Ashikaga beginnen. Du musst unbedingt überleben. Dann musst du meinem Willen folgen und mir die Treue halten." Daraufhin flehte Masatsura ihn an: „Vater, nimm mich auch mit!" Der Vater jedoch lehnte rigoros ab: „Nein, mein Sohn! Bedenke, dass einer unserer Familie überleben muss. Denn irgendwann muss der Feind des Kaisers vernichtet werden. Das ist deine Pflicht als Sohn deinem Vater gegenüber." Daraufhin übergab er dem Sohn einen Dolch, dessen Griff das Wappen einer Chrysantheme auf dem Wasser zeigte, und den er vom Kaiser geschenkt bekommen hatte, und verabschiedete sich für immer von ihm.

Masashige fiel nach einem erbitterten Kampf gegen die Truppen Takaujis.

Nach dem Tod seines Vaters widmete sich Masatsura mit großem Fleiß dem Studium und übte sich eifrig in der Kriegskunst. Später diente er zum Schutze des Kaiserhofes in Yoshino mit seinem Clan und seinen Gefolgsleuten dem Kaiser Go-Murakami. Noch heute wird behauptet, dass die Nachkommen Masatsuras ihrem Ahnen die Treue bewahrten und sich mit ihrer Familie stets für Gerechtigkeit einsetzten.

[8] Kinai besteht aus fünf Ländern: Yamashiro no kuni (heute: Tanba), Yamato no kuni (heute: Präfektur Nara), Kawachi no kuni (heute: Ost-Osaka), Izumi no kuni (heute: Südwest-Osaka) und Settsu no kuni (heute: Osaka, Kobe, Suma, Takatsuki usw. Präfektur Hyōgo).

14. DIE RIESENSCHLANGE MIT DEN ACHT KÖPFEN

Einst wurde Susanō no Mikoto aus Takamanohara, dem Himmel, wo die Götter leben, verstoßen und kam auf Torikami, oberhalb des Hinokawa-Flusses in Ise (heute: Präfektur Tottori), zur Erde herab.

Nachdem er zu Fuß bereits eine Weile unterwegs gewesen war, begegnete er einem alten Ehepaar, das mit seiner Tochter weinte. Der Vater erzählte ihm, dass er der Sohn des Gottes Ōyamazumi no Kami sei und Ashinazuchi heiße. Er und seine Frau Tenazuchi hatten acht Töchter gehabt. Diese Töchter seien eine nach der anderen von der Riesenschlange mit den acht Köpfen und acht Schwänzen gefressen worden, jedes Jahr eine. Und jetzt sollte schon bald die letzte Tochter, Kushinada Hime, dieser Schlange geopfert werden.

Susanō no Mikoto antwortete: „Wollt ihr mir eure Tochter geben? Ich bin der Bruder der Amaterasu Ōmikami und gerade vom Himmel herabgestiegen." Das Ehepaar stimmte zu und bat ihn um Hilfe. Daraufhin ließ Susanō no Mikoto von dem alten Paar acht Holzbottiche mit Sake vorbereiten und wartete auf die Riesenschlange.

Nach einiger Zeit kam das Ungeheuer und schlürfte Sake aus allen Bottichen, bis es betrunken war und einschlief. Sofort zog Susanō no Mikoto sein Totsuka-Schwert, das er bei sich trug, zerschnitt die Riesenschlange und tötete sie mit Bravour. Als er jedoch die Schwänze der Schlange abschnitt, ging die Klinge seines Schwerts kaputt. Er wunderte sich darüber und schaute sich die Schwänze noch einmal genauer an. Da stieß er auf ein prächtiges Schwert.

Susanō machte dieses Schwert, das aus dem Schwanz der achtköpfigen Schlange hervorkam, Amaterasu zum Geschenk. Später wurde es als mythisches Schwert Kusanagi bezeichnet.

15. DER KAMPF AUF DER INSEL KAWANAKAJIMA – KENSHIN UND SHINGEN

In der Sengoku-Zeit kämpften Uesugi Kenshin aus Echigo (heute: Präfektur Niigata) und Takeda Shingen aus Kai (heute: Präfektur Yamanashi) auf dem Schlachtfeld Kawanakajima im Lande Shinano (heute: Präfektur Nagano) mehrere Jahre gegeneinander.

Im Jahr 1561 (Eiroku 4) drang Kenshin mit seinen 13 000 Samurai in Shinano ein und errichtete sein Lager auf dem Berg Saijo. Shingen, der davon erfuhr, zog daraufhin mit 20 000 Soldaten zur Burg Kaizu in der Nähe des Berges Saijo.

In dieser Nacht war der Nebel so dicht, dass Takedas Truppen nicht damit rechneten, von Uesugis Truppen vor der Morgendämmerung angegriffen zu werden. Als sich der Nebel jedoch etwas lichtete, erblickten die Soldaten Takedas die Flaggen der Uesugi-Samurai und der Kampf begann.

Nach und nach erhielt Takeda Shingen Meldungen vom Tod seiner Kriegshelden. Selbst sein Bruder Takeda Nobushige und sein bedeutender Samurai Yamamoto Kansuke fielen.

Takeda Shingen jedoch, ein wahrer Held, verlor keineswegs die Fassung und verfolgte weiterhin den Ablauf der Schlacht. Da kam Uesugi Kenshin alleine schreiend auf ihn zu: „Wo ist Takeda Shingen?“ Er holte mit seinem Schwert aus, doch mit seinem eisernen Kommandostab wehrte Takeda Shingen den Angriff mit einem lauten Schlag ab. Letztendlich blieb der Kampf der beiden Helden unentschieden.

Nach dieser Schlacht ersannen der Held Imagawa aus dem Land Suruga (heute: Präfektur Shizuoka) und der Held Hōjō aus dem Land Odawara (heute: Präfektur Kanagawa) den Plan, kein Salz mehr nach Kai zu verkaufen, weil sie Takeda Shingen nicht im Kampf besiegen konnten.

Als Uesugi Kenshin dies hörte, ärgerte er sich sehr darüber und sandte einen Brief an Takeda Shingen. Darin schrieb er, dass über Sieg und Niederlage nur in einem Duell im Bogenschießen entschieden werden dürfe. Das Salz solle man nicht dafür benutzen, seine Feinde in Bedrängnis zu bringen.

Takeda Shingen erkannte Uesugi Kenshin als ehrenwerten Mann an, lobte ihn und kaufte mit großer Freude Salz aus Echigo.

16. DIE HOFDAME KŌBAI NO NAISHI UND DER PFLAUMENBAUM

Im Garten des Kaisers Murakami gab es einst einen überaus prächtigen Pflaumenbaum. Jedes Jahr im Frühling blühte dieser Baum wunderschön, worüber sich der Kaiser sehr freute.

Eines Jahres jedoch war dieser Baum abgestorben. Der Kaiser befahl: „Findet einen Pflaumenbaum, der so prächtig ist wie der vorige!"

Einer seiner Untertanen suchte in der ganzen Stadt nach einem solchen Baum und fand schließlich in einem Garten einen wundervollen Pflaumenbaum. Er rief ins Innere des Hauses: „Dies ist der Befehl des Kaisers!" und ließ den herrlichen Obstbaum mit den Wurzeln ausgraben.

Das Haus gehörte einst dem Dichter Kino Tsurayuki, der bereits verstorben war. Lediglich seine Tochter wohnte noch dort und schaute traurig zu, wie der schöne Pflaumenbaum ausgegraben wurde. Auf einem Papierstreifen schrieb sie ein Gedicht und band es an den Baum, bevor er weggebracht wurde.

Als der Baum in den Garten des Kaiserhauses getragen wurde, bemerkte der Kaiser diesen Papierstreifen. Das Gedicht darauf lautete:

> Choku nareba itomo kashikoshi uguisu no
> Yado wa to towaba ikaga kotaemu.

Dies bedeutet: Dieser Baum wurde auf Befehl des Kaisers in den kaiserlichen Garten umgepflanzt. Dies ist mir zwar eine große Ehre, aber wenn die Nachtigall, die jedes Jahr diesen Baum besucht, mich nach ihrem Nest fragt, was soll ich ihr antworten?

Das Gedicht beeindruckte den Kaiser so sehr, dass er ihr den Baum zurückgab und sie bat, im Kaiserhaus zu dienen. Die Tochter erhielt später den Namen Kōbai no naishi, was „Hofdame des Pflaumenbaums mit roten Blüten" bedeutet. Man sagt, sie sei ihrem Vater Tsurayuki in der Dichtkunst ebenbürtig gewesen.

17. Shinra Saburō Yoshimitsu und die geheimnisvollen Flötenstücke

Dies ist die Geschichte vom Kriegshelden Shinra Saburō Yoshimitsu (Minamoto no Yoshimitsu), der während der Heian-Zeit lebte.

Einst quittierte Shinra Saburō Yoshimitsu seinen Dienst am Kaiserhof, um seinen älteren Bruder Hachiman Tarō Yoshiie (Minamoto Yoshiie) zu unterstützen. Als Verwaltungsbeamter und Oberbefehlshaber, der für mehrere Provinzen zuständig war, war dieser gerade dabei, Ōshū, die heutige Tōhoku-Region in Nordjapan, unter seine Herrschaft zu bringen. Shinra Saburō Yoshimitsu zog mit einigen dutzend Kavalleriedivisionen nach Ōshū.

Mitten im Herbst 1087 (Kanji 1) folgte ihm ein junger Mann, der gehört hatte, dass Yoshimitsus Truppen zur Eroberung von Ōshū abgesandt worden waren. Er hieß Toyohara no Tokiaki. Er erreichte Yoshimitsus Truppen am Berg Ashigara, wo diese unter freiem Himmel lagerten.

Shinra Saburō Yoshimitsu lernte einst bei Toyohara no Tokiakis Vater Tokimoto, einem Meister der Toyohara-Familie, die Shō[9] zu spielen. Yoshimitsu ahnte daher, warum dieser Junge ihm gefolgt war, und sprach zu ihm:

„Hör zu! Ich habe von deinem verehrten Vater geheimnisvolle Musikstücke für die Shō gelernt und wurde von ihm gebeten, diese Werke der Nachwelt zu überliefern. Aber wenn wir nun in die Schlacht ziehen, wissen wir nicht, ob wir lebend zurückkommen. Sollten wir fallen, würde diese Art des Shō-Spielens aussterben und auch der Wille deines Vaters, der bereits verstorben ist, könnte nicht erfüllt werden. Daher möchte ich dich in den unergründlichen Musikwerken, die ich bei deinem Vater gelernt habe, unterrichten. Dann musst du zurück nach Kyoto, um diese Art, die Shō zu spielen, zu bewahren und zu erhalten."

Daraufhin lehrte Yoshimitsu, der anstelle des Tokiaki von dessen Vater Tokimoto die Shō erlernte, nun Tokiaki. Und so erklangen in einer wolkenverhangenen Nacht wunderschöne Töne der Shō bis weit in die Berge hinein.

Man sagt, dass Shinra Saburō Yoshimitsu, Ahn der Takeda-, Satake- und Ogasawara-Samurai-Clans, nicht nur ein ausgezeichneter Reiter und Bogenschütze war, sondern auch ein hervorragender Musiker.

[9] Ein Musikinstrument, das ursprünglich aus China stammt, es gehört zur Familie der Mundorgeln und wird in China Sheng genannt.

Prinzessin Komatsuhime verteidigt das Schloss ihres Gemahls

18. PRINZESSIN KOMATSUHIME VERTEIDIGT DAS SCHLOSS IHRES GEMAHLS

Dies ist die Geschichte von Komatsuhime, die die Tochter Honda Tadakatsus, eines der vier wichtigsten Generäle von Tokugawa, und die Frau von Sanada Nobuyuki war.

Am Abend vor Beginn der Schlacht von Sekigahara im Jahre 1600 (Keichō 5) erhielten Sanada Masayuki und seine Söhne Nobuyuki und Yukimura (Nobushige) in Inubushi im Land Shimotsuke (heute: Präfektur Tochigi) ein geheimes Schreiben. Darin ging es um den Angriff und die Aushebung der Truppe durch Ishida Mitsunari.

Sanada Masayuki und seine Söhne Nobuyuki und Yukimura überlegten daraufhin, wie sie vorgehen und beschlossen, dass der Vater und der jüngere Sohn, Yukimura, auf der westlichen Flanke der Truppen, der Ishida Mitsunari-Seite, und der ältere Sohn, Nobuyuki, an der östlichen Flanke, der Tokugawa-Seite, kämpfen werden. Auf diese Weise wären sie zwar voneinander getrennt, aber sie dachten, dass die Familie Sanada dann weiter bestehen bleiben könne, auch wenn jemand von ihnen besiegt werden würde. Nachdem der Vater seinen Sohn Nobuyuki verabschiedet hatte, kehrte er mit Yukimura von Inubushi aus zur Burg Ueda zurück. Er beabsichtigte, dabei an der Burg Numata vorbei zu kommen, wo Nobuyuki lebte, nun aber nicht anwesend war, weil Vater und Sohn unterschiedlichen Truppenabteilungen angehörten. Masayuki wollte sein Enkelkind sehen, aber als er die Burg Numata erreichte, fand er das Burgtor verschlossen.

Seine Gefolgsleute lärmten und riefen: „Was ist los? Euer Vater ist extra hierher zur Burg seines Sohnes gekommen. Warum macht ihr das Tor nicht auf?“ Daraufhin erschien eine Frau in Samurai-Rüstung, die Hellebarde in der Hand tragend, auf dem Turm der Burg. Sie war Komatsuhime, die Frau des Burgherrn Nobuyuki. Laut antwortete sie: „Auch wenn du der Vater meines Mannes bist, so bist du jetzt doch unser Feind. Während der Abwesenheit meines Mannes, des Burgherrn, darf niemand hereingelassen werden!“

Am nächsten Tag erschien Komatsuhime in ihrer üblichen Kleidung bei ihrem Schwiegervater und dessen Leuten, die sich im Shōkakuji-Tempel etwa 330 Meter von der Burg entfernt aufhielten, mit fünf Enkelkindern.

„Und du bist doch die Tochter der Familie Honda. Du bist wirklich ein Vorbild als Frau eines Samurai!“ Zufrieden äußerte sich Masayuki, und es heißt, dass er sich eilig zur Burg Ueda zurückbegab.

19. DIE BLAUE HÖHLE

Fukuhara Ichikurō stammte aus einer Vasallenfamilie des Takada-Clans im Lande Echigo und diente einem hohen Samurai-Clan aus Edo.

Eines Tages tötete er seinen Herrn mit dem Schwert und floh. Daraufhin zog er kreuz und quer durch das Land, es plagten ihn jedoch seine Schuldgefühle und er wurde Buddhist. Er bekam den buddhistischen Namen Zenkai und hoffte so, für sein Verbrechen büßen zu können.

Als er zu einer Bergschlucht namens Yabakei im Land Buzen (heute: Präfektur Ōita) kam, erfuhr Zenkai, dass hier aufgrund einer gefährlichen Steilwand bereits viele Menschen ums Leben kamen. Er traf eine Entscheidung und schwor sich, diesen etwa 370 Meter langen Felsen auszuhöhlen, um einen Weg hindurch zu bauen.

Zenkai begann, mit Hammer und Meißel Felsstücke abzuhauen. Alle Dorfbewohner behaupteten, sein Vorhaben sei unmöglich und lachten ihn aus. Aber nachdem Zenkai erst ein Jahr, dann zwei Jahre tagtäglich mit großem Eifer an dem Felsen gearbeitet hatte, kamen nach und nach immer mehr Menschen, die ihm helfen wollten.

Nach 20 Jahren stand plötzlich ein junger Samurai vor Zenkai. Dieser Samurai war der Sohn des Herrn, den er in Edo mit dem Schwert getötet hatte. Endlich hatte er den Verbrecher gefunden und wollte sich rächen. Klagend bat Zenkai: „Ich gebe dir gerne mein Leben, sobald der Weg fertig ist.“

Als der junge Samurai dies hörte, verstand er, dass Zenkai weder fliehen noch sich verstecken wollte und bot seine Hilfe beim Bau des Weges an. Die beiden Feinde arbeiteten fortan gemeinsam mit dem Hammer. Als anderthalb Jahre später der Tunnel endlich fertiggestellt war, gaben sich beide die Hand und freuten sich darüber.

Und der junge Samurai, der verstanden hatte, dass Zenkai bis jetzt tüchtig zum Nutzen der hiesigen Menschen gearbeitet hatte, empfand keinen Groll mehr gegen Zenkai.

20. NABESHIMA NAOSHIGE UND DIE VEREDELUNG VON PFLANZEN

Nabeshima Naoshige, Gründer der Provinz Hizen im Fürstentum Saga, ging eines Tages in den Garten und ließ seinen Vasallen eine Pflanze veredeln.

„Möchtest du das auch mal versuchen?", fragte er seinen alten Untertanen, der schon ein paar graue Haare hatte. Dieser antwortete: „Ich bin doch schon ein alter Mann, mein Herr!"

Als Naoshige das hörte, tadelte er ihn: „Was redest du denn da? Denkst du denn, dass du das für dich selbst machst? Pflanzen veredelt man, damit die eigenen Kinder und Enkel sie betrachten können. Alles, was wir jetzt machen, machen wir nicht für uns, sondern für die kommenden Generationen. Wo kämen wir denn hin, wenn wir uns nicht um andere kümmern würden?"

Naoshige war ein bedeutender Gefolgsmann von Ryūzōji Takanobu, dessen Stützpunkt im Land Hizen (heute: Präfektur Saga) lag. Er herrschte auch in weiten Teilen Kyūshūs und sein Spitzname lautete „Bär von Hizen". Sein Haus war neben den überaus listigen und waffenstarken Ōtomo aus dem Land Bungo (heute: Präfektur Ōita) und dem Haus Shimazu aus Satsuma (heute: Präfektur Kagoshima) eines der mächtigsten. Ryūzōjis Herrschaftsgebiet wurde zum Vorläufer des Fürstentums Saga.

„Was einem nicht gefällt, das macht man sich zu Nutze!"

„Wer unfreundlich ist, mit dem soll man zusammenarbeiten. Dadurch wird man zu einem tugendhaften Menschen."

„Wenn man vor einem schwierigen Problem steht, das den eigenen Horizont übersteigt, dann kann man keine Entscheidung treffen, eben weil man denkt, dass es sich um ein schwieriges Problem handelt. Wichtige Entscheidungen müssen mit Leichtigkeit getroffen werden."

„Auch wenn man einen echten Freund hat, so soll man sich nicht auf ihn verlassen. Man muss sich selbst vertrauen!"

Naoshige, der zahlreiche solcher berühmten Redewendungen hinterließ, wurde durch das Buch „Hagakure", das in der Mitte der Edo-Zeit von einem Samurai des Nabeshima-Clans namens Yamamoto Tsunetomo geschrieben wurde, der Nachwelt sehr bekannt.

21. KOBAYASHI TORASABURŌ UND DIE BEDEUTUNG VON HUNDERT SÄCKEN REIS

Im Jahr 1868 (Keiō 4) lag das Fürstentum Nagaoka, das im Hokuetsu Boshin-Krieg besiegt worden war, in Schutt und Asche. Alle Einwohner litten Not. Während sie in Armut und Chaos lebten, kam im Jahr 1870 (Meiji 3) Hilfe aus dem benachbarten Fürstentum Mineyama. Sie hatten Mitleid mit den Menschen aus Nagaoka, wollten helfen und schickten ihnen hundert Säcke Reis. Als die hundert Säcke Reis ankamen, freuten sich die Lehensleute sehr. Sie waren froh, Reis verteilen und dadurch den Hunger ihrer Mitmenschen stillen zu können. Dennoch ermahnte und warnte sie ein hoher Berater des Fürstentums, Kobayashi Torasaburō: „Wenn wir alle von diesem Reis essen, so ist er bald aufgegessen. Wenn wir die Säcke jedoch verkauften und den Erlös für die Bildung der Kinder benutzten, bekämen wir sicher in Zukunft Reis im Wert von einer Million Säcken zurück. Die Bildung der Menschen ist sehr wichtig. Ob das Land wieder gut aufgebaut wird und die Stadt gut gedeiht, hängt von der Ausbildung der Menschen ab. Uns mangelt es im Augenblick zwar an Nahrung, aber trotzdem bauen wir jetzt Schulen und geben allen Menschen Bildung."

Torasaburō, der leitender Beamter sowohl in der Zivil- als auch in der Militärverwaltung war, behauptete, es sei sehr wichtig für den besiegten Clan, Menschen für den Wiederaufbau zu befähigen und auszubilden. Als die Lehensleute dies hörten, protestierten sie heftig. Aber Torasaburō überzeugte sie letztendlich dadurch, dass er mit seinem Leben dafür bürgte, und sie stimmten zu.

Auf diese Weise wurde mit den hundert Säcken Reis in Nagaoka die Kokkan-Schule gegründet. In diese Schule wurden nicht nur die Kinder der Lehensherren, sondern auch Kinder der Bürger und Bauern aufgenommen. Es gab sogar Abteilungen für westliche Studien und Medizin, dort gab es viele gute Lehrer und auch die Lehrerausbildung war ausgezeichnet.

Später machten viele Jugendliche, die diese Schule absolviert hatten, Karriere, wie der spätere Admiral Yamamoto Isoroku.

Noch heute wird ständig daran erinnert, dass man nicht an den augenblicklichen Vorteil denken soll, sondern an die Zukunft. Die Bedeutung dieser hundert Säcke Reis darf man nicht vergessen.

SHIMAZU YOSHIHIRO DURCHBRICHT DIE FRONT DES FEINDES

22. SHIMAZU YOSHIHIRO DURCHBRICHT DIE FRONT DES FEINDES

Am 21. Oktober 1600 (Keichō 5) hatte sich bereits entschieden, wer bei der Schlacht in Sekigahara den Sieg davontragen würde.

Die Streitkräfte der westlichen Truppe unter Shimazu Yoshihiro bestand aus nur 1500 Soldaten, und der Rückweg war ihnen von der östlichen Truppe abgeschnitten worden. Seitlich davon befand sich die Truppe Kobayakawas, die die westliche Truppe verraten hatte, vorne stand die Haupttruppe, bestehend aus mehreren Zehntausend, die Tokugawa Ieyasu anführte und die auch jetzt beabsichtigte, anzugreifen.

Um das Fortbestehen der Shimazu-Familie zu sichern, gab es keine andere Wahl, als sich vor Ieyasu zu rechtfertigen. Es wäre aber für die Familie Shimazu als Samurai auch eine Blamage gewesen, wenn sie vor den Feinden geflohen wäre. Yoshihiro überlegte, traf eine überraschende Entscheidung und rief: „Welche Seite der Feinde ist stärker?"

Sein Untertan antwortete: „Der Feind auf der östlichen Seite ist viel stärker."

Als Yoshihiro dies hörte, schwang er seinen Kommandostab nach oben und befahl: „Durchbrecht die Front dort, wo der Feind am stärksten ist!"

Und so griff die nur 1500 Mann starke Armee unter seiner Leitung die östliche Truppe mit hunderttausenden von Soldaten an. Die Shimazu-Truppe kam rasch am Hauptstandort Ieyasus vorbei und erreichte die Landstraße. Vor der Elite-Armee Ieyasus, die seinen Soldaten folgte, standen Untertanen von Shimazu, um sie aufzuhalten. Einige Soldaten blieben, um den Angriff des Feindes zu stoppen. Wenn diese Samurai alle getötet würden, blieben wiederum andere Samurai in einer kleinen Einheit zurück. Es war eine heroische Strategie.

Dank der Untertanen, die auf Leben und Tod ihrem Herrn treu geblieben und gekämpft hatten, gelang es Yoshihiros Truppen, über die Straße nach Ise und bis zum Hafen Sakai zu gelangen und schließlich wieder nach Satsuma zurückzukehren.

Für diesen Durchbruch durch die Feindesfront wurden sie sogar von der östlichen Truppe gelobt. Noch heute erzählt man die Geschichte von „Shimazus Flucht" und berichtet von der Kühnheit der Samurai.

KAISERIN KŌMYŌ WÄSCHT TAUSEND MENSCHEN

23. KAISERIN KŌMYŌ WÄSCHT TAUSEND MENSCHEN

Die Frau des Kaisers Shōmu, Kaiserin Kōmyō, war tief gläubig und barmherzig. Sie baute für notleidende Kranke ein Krankenhaus namens Seyakuin und für Waisenkinder und alte Menschen, die keine Angehörigen mehr hatten, ein Heim, Hiden'in genannt. Sie selbst ging dorthin und kümmerte sich um diese Menschen.

Eines Tages, während sie zu Buddha betete, hörte sie eine geheimnisvolle Stimme: „Sei wohltätig und baue für die Armen ein Bad! Und wasche selbst die Körper von tausend Menschen!"

Sie verstand diese Worte als Nachricht Buddhas und baute eine sehr große Badeanlage, wo alle Menschen, unabhängig vom sozialen Stand, baden konnten. Viele Leute besuchten dieses Bad, und tatsächlich begann die Kaiserin, die Körper der Besucher mit Sorgfalt zu waschen, obwohl ihr die Kammerdienerinnen dies untersagt hatten.

Schon bald hatte sie 999 Menschen gewaschen. Als tausendste Person kam ein alter Mann, dessen Körper aufgrund einer Krankheit mit Eiter bedeckt war. Nichtsdestotrotz wusch die Kaiserin auch seinen Rücken mit Sorgfalt. Daraufhin sagte der Alte zu ihr: „Mein Arzt sagte, dass ich wieder gesund werde, wenn jemand diesen Eiter aus meinem Körper saugen kann. Ich bin daher hierher gekommen, um die Kaiserin darum zu bitten."

Als die Kaiserin das hörte, dachte sie: „Dies ist der Wille Buddhas!" Dem Kranken antwortete sie: „Wenn ich dich heilen kann, mache ich das gerne." Mit ihrem Mund saugte sie den Eiter aus dem Körper des alten Mannes.

Doch was geschah dann? Der Körper des Alten wurde von goldenem Licht umhüllt und verwandelte sich in die Gestalt Buddhas. Er bedankte sich bei ihr und wurde danach nie wieder gesehen.

KIDO SHUNZŌ RETTET SEIN PFERD UND VERZICHTET AUF DEN SIEG

24. KIDO SHUNZŌ RETTET SEIN PFERD UND VERZICHTET AUF DEN SIEG

Diese Geschichte ereignete sich im Sommer 1932 (Shōwa 7), als die 10. Olympiade in Los Angeles stattfand.

Kido Shunzō, Lehrer an der Kavallerie-Schule der Armee, stieg auf sein Lieblingspferd Kyūgun und nahm an der Disziplin Distanzreiten auf 32,29 km (22 Meilen) teil. Bei diesem Langstreckenrennen mussten 50 Hindernisse über Berge und Felder hinweg überwunden werden.

Sein Pferd war schnell wie der Wind. Als es endlich zum letzten Hindernis kam, lag es vorne an zweiter oder dritter Stelle und ein Preis stand bereits in Aussicht.

Da geschah plötzlich etwas Unerwartetes. Das Pferd konnte nicht mehr gut laufen, schwitzte stark und lief unter Qualen und mit keuchendem Atem.

Kido dachte: „Mein Pferd Kyūgun ist viel wichtiger als eine Medaille." Er stieg vom Pferd. Dieses berührte Kido jedoch mit seiner Nase, als ob es sagen wollte: „Ich möchte noch weiter laufen." Aber Kido blieb bei seiner Entscheidung, stützte sein Pferd und verließ die Rennbahn. Alle Zuschauer klatschten.

Am nächsten Tag stand in der Zeitung, die über dieses Ereignis berichtete: „Der japanische Major Kido verzichtete auf den Sieg und rettete sein Lieblingspferd!" Ganz Amerika war von dieser Geschichte gerührt.

Kurz darauf ehrte ihn die Gesellschaft für Humanität (AHA = The American Humane Association) und baute ein ansehnliches Denkmal. Die Inschrift darauf in englischer Sprache lautet:

„Der japanische Major Kido rettete statt seiner Ehre sein Pferd. Diese Entscheidung spricht nicht für den Sieg, sondern für seine Warmherzigkeit." Daneben steht noch ein Wort in japanischer Sprache: „Mitgefühl ist der Weg des Kriegers".

25. EIN ABEND IN MATSUZAKA

Moto'ori Norinaga, ein Arzt im Land Ise (heute: Präfektur Mie), hörte eines Tages, als er bei einem befreundeten Antiquar war, dass auf dem Weg zum Ise-jingū gerade ein Forscher der altjapanischen Literatur namens Kamono Mabuchi bei dessen Geschäft zu Besuch gewesen war. Sofort folgte Moto'ori Norinaga ihm nach, aber er konnte ihn nicht mehr erreichen.

Norinaga wollte den verehrten Herrn Mabuchi jedoch unbedingt treffen und ging zu dem Gasthaus, wo Herr Mabuchi untergekommen war. Er bat darum, es ihm mitzuteilen, falls er auf dem Rückweg wieder hier Halt machen sollte. Bereits einige Tage später wurde sein Wunsch erfüllt und beide konnten sich im trüben Licht der Holzlaterne unterhalten.

Norinaga befragte Mabuchi mit großem Ernst: „Meister, ich möchte mich mit dem Buch „Kojiki" beschäftigen, um die Seele der Japaner vor der Einführung des Buddhismus und des Konfuzianismus zu ergründen. Worauf muss ich achten?"

Der Meister antwortete: „Ich habe mich bis jetzt mit dem „Man'yōshū"[10] auseinandergesetzt. Deshalb habe ich auch beabsichtigt, mich danach mit dem „Kojiki" zu beschäftigen. Aber ich bin so alt geworden. Deswegen möchte ich gerne Ihnen die Fortsetzung dieser Arbeit anvertrauen. Der Weg zur Wissenschaft ist jedoch sehr hart. Sie dürfen es damit nicht eilig haben. Zuerst muss man stabile Fundamente errichten, danach schreitet man planmäßig Schritt für Schritt voran."

Mabuchi gab ihm auf diese Weise Ratschläge und Norinaga schwor, dass er alles bis zum Ende durchführen werde.

An diesem Abend wurden der 67-jährige Mabuchi und der 34-jährige Norinaga Lehrer und Schüler. Norinaga hatte dem Wunsch des Lehrers entsprochen und 35 Jahre später sein großes Werk „Kojiki-den" fertig geschrieben. Zwischen den beiden fand nur dieses eine Treffen an jenem Abend in Matsuzaka statt.

[10] Das „Man'yōshū" ist die älteste Sammlung von Waka (jap. Kurzgedichte) in Japan. Es ist ein Klassiker der japanischen Literatur und enthält 4536 Lieder in 20 Bänden.

26. DER FROSCH UND DIE TRAUERWEIDE

Diese Geschichte spielt an einem regnerischen Frühlingstag in der Mitte der Heian-Zeit.
„Das geht nicht! Das Zeichen will mir nicht gelingen."

Ono no Tōfū legte seinen Pinsel auf seinen Schreibtisch und ging in den Garten, wo es leicht regnete. Er war immer noch nicht mit seinen Schriftzeichen zufrieden, obwohl er sich seit seiner Kindheit, seit über 40 Jahren, in der Kunst der Kalligraphie übte.

„Schau her, was macht denn der Frosch dort?", dachte er.

Gerade wollte ein Frosch auf die Zweige der Trauerweide springen. Er sprang und fiel und sprang und fiel erneut. Er versuchte es viele Male, aber es gelang ihm nicht.

„Er sollte es endlich aufgeben, auf die herabhängenden Zweige springen zu wollen", dachte Tōfū.

Aber der Frosch gab nicht auf. Erneut sprang er und fiel wieder hinab. Dies wiederholte sich noch viele Male, bis es ihm endlich doch gelang, einen Zweig der Trauerweide zu fassen. Dann konnte er ganz leicht auf dem Baum nach oben klettern.

Durch das Betrachten der Versuche des Frosches kam Tōfū zu einer ganz neuen Erkenntnis: „Selbst ein kleines Wesen kann es durch Beharrlichkeit und Anstrengung schaffen, auf einen so hohen Ast aufzuspringen. Ich darf nicht gegen einen Frosch verlieren. Ich schreibe weiter, bis meine Schriftzeichen so gut sind, dass sie mir gefallen. Hundert Mal, tausend Mal werde ich sie schreiben."

Und so übte er noch fleißiger als zuvor, und letztlich brachte es ihm den Ruf Meister der Kalligraphie ein.

Ono no Tōfū ist neben Fujiwara no Sukemasa und Fujiwara no Yukinari einer der drei größten Meister der Kalligraphie in Japan.

DER „AHORN MIT DEN GRÜNEN BLÄTTERN" IM SHŌMYŌJI-TEMPEL

27. DER „AHORN MIT DEN GRÜNEN BLÄTTERN“ IM SHŌMYŌJI-TEMPEL

Diese Geschichte handelt vom „Ahorn mit den grünen Blättern“, einem Lied aus dem Noh-Gesangsstück (Yōkyoku[11]) „Mutsura“.

Ein Priester aus der Hauptstadt Kyoto wollte eine Wallfahrt nach Kantō unternehmen, erreichte über Kamakura den Mutsura-Hafen und wartete dort auf das Schiff, mit dem er zum Berg Kiyosumi im Land Awa (heute: Präfektur Chiba) gelangen wollte. Er kam dabei zum Shōmyōji-Tempel, wo er Ahornbäume betrachtete, deren Blätter wunderschön herbstlich rot gefärbt waren. Zwischen diesen Bäumen stand ein einziger rätselhafter Ahornbaum mit grünen Blättern. Eine Frau aus dem Dorf, die hinzugetreten war, erzählte ihm:

„Vor langer Zeit besuchte Vize-Minister Reizei Tamesuke diesen Garten. Damals waren nur die Blätter dieses einen Ahornbaums rot gefärbt, während alle anderen grün waren. Der Vize-Minister sang folgendes Lied:

Ikanishite
Kono hitomoto ni shigure ken

Yama ni sakidatsu.
Niwa no momojiba

Dies bedeutet: Kann es sein, dass nur auf diesen einen Ahornbaum Regen fiel? Aus den grünen Bergen ringsum sticht sein Herbstlaub hervor.

Für diesen Baum war es eine große Ehre, von dem hohen Beamten ein lobendes Gedicht gesungen zu bekommen. Da er nun zu Ruhm und Ehre gelangt war, hatte sich sein Schicksal entsprechend des Ten no michi[12] erfüllt und er färbte sich seither nicht mehr.“

Die Frau fügte noch hinzu, dass sie ein Geist des Ahornbaumes sei und verschwand.

Vize-Minister Reizei Tamesuke, der ab der Mitte bis zur letzten Hälfte der Kamakura-Zeit gelebt hatte, wurde als Begründer der Reizei-Familie und als Dichter bekannt.

Als ein Dichtermönch namens Gyōe im Jahr 1485 (Bunmei 17) den Shōmyōji-Tempel besuchte, hörte er das Noh-Stück „Mutsura“. Später schrieb er ein Buch, „Hokkoku kikō“, Beschreibung einer Reise in den Norden Japans.

Man sagt, dass das Musikstück „Mutsura“ von dem Noh-Schriftsteller Konparu Zenchiku auf Grundlage der Aufzeichnungen im „Hokkoku kikō“ als Theaterstück adaptiert wurde.

[11] Yōkyoku, auch Utai genannt, ist ein wesentlicher Bestandteil des traditionellen Noh-Theaters in Japan. Der Name bezieht sich auf den vokalen Teil der Musik, die mit dem klassischen Noh-Drama verbunden ist. Yōkyoku wird vom Chor und selten von den anderen Schauspielern gesungen.

[12] Hier zeigt sich der Einfluss des Taoismus: „Ist das Werk vollbracht, dann sich zurückziehen: das ist des Himmels Sinn (= Dao [Weg]. Lao-Tse „Tao Te King“, Kap. 9).

28. DIE EROBERUNG OSTJAPANS DURCH KAISER JINMU

In der mythologischen Frühzeit Japans herrschten die Ahnen der Yamato-Dynastie über ganz Kyūshū und wollten ihr Herrschaftsgebiet weiter nach Honshū ausbreiten. Deshalb schickten sie viele Truppen auf Eroberungsfeldzüge Richtung Osten.

Kan'yamato Iwarehiko no Mikoto, dem die Eroberung des östlichen Bezirkes von Honshū gelang, gründete später die Yamato-Dynastie. Diese ernannte den ersten Kaiser Jinmu.

Jinmu beabsichtigte, von dem Land Hyūga (heute: Präfektur Miyazaki) aus die Seto-Inlandsee zu durchqueren und über Kawachi (heute: Präfektur Osaka) bis in das Land Yamato (heute: Präfektur Nara) vorzudringen. Dort wurde er von Nagasunehiko, dem Anführer einer einflussreichen Sippe, aufgehalten und in einen erbitterten Kampf verwickelt.

Da bemerkte Kaiser Jinmu, warum er nicht gewinnen konnte. Obwohl er der Nachfahre der Sonnengöttin Amaterasu Ōmikami war, griff er Richtung Osten an, wo die Sonne aufging. Daher zog er mit seinen Truppen nach Süden, wobei er einen Umweg über Kumano (heute: Präfektur Wakayama) machte. Mit der Sonne im Rücken griffen sie nun den Feind an. Während des harten Kampfes zogen plötzlich dunkle Wolken auf und der Wind begann heftig zu wehen. Ebenso plötzlich kam ein goldener Milan angeflogen und ließ sich auf der Spitze des Bogens von Jinmu nieder. Durch die grellen Strahlen des Vogels wurden die Feinde geblendet, konnten nicht mehr kämpfen und mussten fliehen.

Auf diese Weise wurde die Yamato-Region erobert und Jinmu erhielt das Amt des Kaisers.

Der Tag der Thronbesteigung wird in Japan als Gründungstag des Staates Japan nach dem heutigen Kalender am 11. Februar gefeiert. An diesem Tag soll das gesamte japanische Volk der Gründung des Staates gedenken und sich auf seine Vaterlandsliebe besinnen.

29. HONDA TADATOMO UND DIE SPANISCHE GALEONE „SAN FRANCISCO“

Dies ist die Geschichte von Honda Tadatomo, dem Herrn des Ōtaki-Schlosses im Land Kazusa (heute: Präfektur Chiba), der sich durch seinen großen Einsatz bei der Belagerung von Osaka einen Namen gemacht hat.

Im Jahr 1609 (Keichō 14) geriet ein spanisches Schiff auf seinem Weg von den Philippinen nach Mexiko in den Gewässern Japans in einen Sturm und zerschellte an der Küste der Dörfer Onjuku und Iwawada auf der Halbinsel Bōsō. An Bord dieses Schiffes befand sich neben Don Rodrigo[13], dem Gouverneur der von Spanien besetzten Philippinen, eine 373-köpfige Mannschaft. Die Bewohner des Dorfes Onjuku, die das Schiffswrack entdeckt hatten, waren vom Anblick der Fremden verunsichert, fassten sich jedoch ein Herz und retteten 317 von ihnen das Leben.

Als der Schlossherr Tadatomo davon hörte, befahl er allen Dorfbewohnern, die Verunglückten in ihren Häusern und den Schreinen unterzubringen und sich um sie zu kümmern. Es war Tadatomos Entscheidung, die Fremden als Gäste zu ehren und sie gastfreundlich aufzunehmen.

Tadatomo, dessen Familie seit der Generation seines Vaters dem Haus Tokugawa in besonderem Maße verbunden war, wusste, dass das Shogunat bereits früher mit Spanien handeln wollte und dass ihm der Austausch mit fremden Ländern sehr wichtig war.

Unter dem Schutz Tadatomos erfuhren Rodrigo und seine Männer die Weitherzigkeit der Japaner. Sie wurden von dem zweiten Shōgun, Tokugawa Hidetada, nach Edo, das heutige Tokyo, eingeladen und überdies von Tokugawa Ieyasu in Sunpu (heute: Shizuoka Stadt) empfangen. Bald darauf kehrten sie alle mit einem Schiff, das Ieyasu von Miura Anjin[14] hatte bauen lassen, nach Spanien zurück. Es heißt, Rodrigo und seine Mannschaft wären aufgrund der Freundlichkeit der Japaner und Tadatomos Warmherzigkeit von Gefühlen der Dankbarkeit erfüllt gewesen.

Erst im Jahre 1888 (Meiji 21) schloss Japan mit Mexiko einen Freundschafts- und Handelsvertrag. Dieser Vertrag bedeutete für Japan, zum ersten Mal ein gleichberechtigter Vertragspartner zu sein. Man sagt, dass die Bergung der „San Francisco“ vor über 200 Jahren dazu beigetragen habe.

[13] Nur in Japan als Don Rodrigo bekannt. In Deutschland: Rodrigo de Vivero y Aberrucia.

[14] Japanischer Name des englischen Seemanns William Adams (1564–1620), der als erster Europäer in den Samurai-Stand erhoben wurde.

30. DIE TRICHTERWINDE AM SCHÖPFEIMER

Einst lebte ein Mädchen namens Chiyo im Dorf Matsutō, das etwas entfernt von Kanazawa im Land Kaga (heute: Präfektur Ishikawa) lag. Als sie eines Morgens zum Brunnen ging, um Wasser zu holen, bemerkte sie eine Trichterwinde am Schöpfeimer. Diese Prunkwinde blühte so schön, dass sie sie nicht entfernen wollte. Sie ging sofort zum Nachbarn und bat ihn um Wasser. Nachdem sie mit ihren Hausarbeiten fertig war, schrieb sie mit dem Pinsel folgendes Haiku-Gedicht in ein Notizbuch:

Asagao ni	Weil die Trichterwinde
Tsurube torarete	den Schöpfeimer umschlungen hatte,
Morai mizu	habe ich beim Nachbarn Wasser geholt.

Chiyo, die seit früher Kindheit begabt in der Dichtung von Haikus war, überraschte selbst die Erwachsenen.

Hatsukari[15] ya	Oh, die ersten Wildgänse,
Narabete kikuwa	wie schade, dass man ihre Gesänge
Oshii koto	nur einmal hören kann.

Im Herbst kommen Wildgänse in Schwärmen aus Sibirien nach Japan geflogen, wo sie hoch am Himmel schnatternd vorüberfliegen.

Tonbo tsuri	Wie weit ist er wohl heute
Kyō wa doko made	nach draußen gegangen,
Itta yara	um Libellen zu fangen?

Chiyo heiratete mit 19 Jahren, verlor ihren Mann jedoch sieben Jahre später und im Folgejahr auch ihren Sohn. Dieses Gedicht handelt von der tiefen Trauer einer Mutter, die ihren Sohn verloren hatte. Chiyo wurde später Nonne, reiste durch ganz Japan und schrieb viele Haikus.

[15] „Kari" bedeutet im Japanischen Wildgans und wird im Gedicht gleichzeitig benutzt, um den Gesang der Wildgänse zu bezeichnen.

NONAKA KENZAN LÄSST VENUSMUSCHELN INS MEER WERFEN

31. NONAKA KENZAN LÄSST VENUSMUSCHELN INS MEER WERFEN

Zu Beginn der Edo-Zeit gab es in der Familie Yamauchi innerhalb des Fürstentums Tosa einen wichtigen Samurai namens Nonaka Kenzan.

Als er eines Jahres Edo besuchte, schickte er einen Brief an seinen Freund nach Tosa (heute: Präfektur Kōchi). Er schrieb: „Von Edo aus werde ich nach Hause zurückkommen und Venusmuscheln mitbringen. Diese Muscheln gibt es in Tosa nicht. Sie schmecken uns hier sehr gut und ich hoffe, du freust dich schon darauf."

Nachdem seine Freunde in Tosa diese Nachricht vernommen hatten, erwarteten sie Kenzans Rückkehr mit großer Freude. Endlich kam der Tag, an dem das Schiff, beladen mit vielen Venusmuscheln, im Hafen Urado in der Nähe der Stadt Kōchi einlief.

Alle, die zum Hafen kamen, um ihn willkommen zu heißen, freuten sich über die Ankunft des Schiffes. „Heute können wir endlich die Venusmuscheln essen, die unser Gelehrter Kenzan uns versprochen hat."

Aber Kenzan ließ alle Muscheln direkt auf ein kleines Boot umladen. Und vor den Augen seiner gut gelaunten Freunde befahl er dem Bootsfahrer Folgendes: „Werfe alle Venusmuscheln ins Meer!" Und entsprechend seinem Befehl wurden alle Muscheln ins Meer geworfen.

„Was hat er nur getan?!", fragten sich Kenzans Freunde. Dieser antwortete: „Auf diese Weise können nicht nur wir, sondern auch unsere Kinder und Enkelkinder Venusmuscheln essen."

Kenzan, der Konfuzianer sowie Politiker war, führte von da an immer wieder unterschiedliche Fischsorten und Pflanzenarten aus anderen Gebieten ein und ließ sie züchten.

Er war sehr bemüht um das Fürstentum Tosa, legte Bewässerungsanlagen an, regulierte Flüsse und nutzte stets sein Wissen, um Tosa zu einem reichen Land zu machen.

Sein ganzes Leben lang widmete er sich mit Geduld und von ganzem Herzen dieser Aufgabe.

32. DIE EINGETOPFTEN BÄUME

Es war während der Kamakura-Zeit, als ein Samurai namens Sano Genzaemon Tsuneyo im Land Shimotsuke (heute: Präfektur Tochigi) in Armut lebte.

In einer kalten Nacht, es hatte geschneit, klopfte ein wandernder Priester an die Tür des Hauses, in dem das Ehepaar Genzaemon lebte. Sie ließen ihn ein und boten ihm einen Schlafplatz an.

Während der Nacht wurde es immer kälter und das Ehepaar wollte für den Priester ein Feuer anzünden, hatte aber leider kein Brennholz mehr. Deshalb brach Genzaemon großherzig die Äste seiner schönen Pflaumen- und Zwergkirschbäume sowie seiner Kiefern ab, die in Töpfen auf der Veranda standen, und warf sie ins Herdfeuer. Am Ofen unterhielt er sich dann mit dem Priester und erzählte ihm, was mit ihm geschehen war. Er sei früher ein Lehnsherr in Sano gewesen und habe sein Herrschaftsgebiet durch die Listen seiner bösartigen Verwandten verloren. Er fügte hinzu: „Ich bin zwar arm, aber ich bin Samurai, und wenn das Shogunat in Kamakura Unterstützung braucht, werde ich sofort dorthin eilen."

Am nächsten Tag bedankte sich der Priester bei ihnen und zog weiter.

Als der Frühling kam, wurden alle Samurai der Kantō-Region nach Kamakura einberufen. Als erster kam ein armseliger Samurai auf seinem mageren Pferd nach Kamakura geritten.

„Du bist doch Sano Genzaemon Tsuneyo?", fragte Hōjō Tokiyori, der neben dem Shōgun stand. Tokiyori war jener Priester, der im Winter von Genzaemon als Gast aufgenommen worden war. „Niemals werde ich deine Gastfreundschaft vergessen. Sei willkommen! Ich möchte dir dein Herrschaftsgebiet in Sano zurückgeben und als Dank für die Äste deiner wertvollen Bäume, die du für mich geopfert hast, gebe ich dir die Gebiete Umeda in Kaga, Sakurai in Ecchū und Matsuida in Ueno."[16]

Mit großer Freude kehrte Genzaemon Tsuneyo nach Sano zurück.

[16] Die Gebiete wurden nach den Gattungen der drei Bäume ausgewählt: Umeda enthält das Wort „Pflaume", Sakurai das Wort „Kirsche" und Matsuida wird mit dem Zeichen für „Kiefer" geschrieben.

33. DER WEIßE HASE VON INABA

Es war einmal, vor langer Zeit, da lebte ein weißer Hase in Inaba (heute: Präfektur Tottori). Während einer großen Überschwemmung wurde er vom Wasser mitgerissen und strandete auf der Insel Okinoshima. Er wusste nicht, wie er wieder zurückkommen sollte. Als er jedoch auf eine große Schar von Krokodilen traf (vielleicht waren es auch Haifische), hatte er eine gute Idee:

„Ihr Krokodile, wollt ihr nicht wissen, wer von uns die meisten Freunde hat?" Er forderte die Krokodile auf, sich nebeneinander über das Meer hinweg bis zum andern Ufer aufzureihen. Der Hase sprang nun von einem Krokodil zum nächsten, und zählte dabei: eins, zwei, drei … Kurz bevor er das andere Ufer erreichte, platzte es aus ihm heraus: „Ihr Dummköpfe! Ich habe euch reingelegt!"

Als die Krokodile das hörten, ärgerten sie sich darüber und warfen den Hasen ins Meer. Sie zogen ihm das Fell ab, bis er völlig nackt war. Weinend saß der nackte Hase nun am Meeresufer. Da kamen zahlreiche Götter zu ihm und gaben ihm folgenden Rat: „Wasche dich mit Meerwasser und lege dich auf den Berg, wo der Wind weht." Der Hase tat, wie ihm empfohlen wurde, seine Schmerzen wurden jedoch schlimmer.

Einige Zeit später erschien ein Gott namens Ōkuninushi no Kami, der das gesamte Gepäck seiner älteren Götterbrüder, die vorher vorbeigekommen waren, trug. Er gab dem Hasen diesen Rat: „Wasche dich mit dem Süßwasser aus dem Fluss und lege dich auf die Ähren der Rohrkolben." Der Hase folgte Ōkuninushi no Kamis Rat und war geheilt.

Daraufhin prophezeite der Hase: „Prinzessin Yagami Hime will keinen deiner Götterbrüder zum Manne nehmen, sondern dich." Und alles, was der Hase vorhersagte, ging in Erfüllung.

34. DAS ENTSCHULDIGUNGSSCHREIBEN DES GEDULDIGEN SAMURAI

Im Teehaus auf dem Berg Hakone lebte der jähzornige Packpferdetreiber Ushigorō. Die Menschen empfanden Abneigung gegen ihn.

Eines Tages wollte Ushigorō einen Samurai, der gerade aus dem Teehaus kam, zwingen, auf seinem Pferd zu reiten. Der Samurai lehnte jedoch ab: „Danke, aber ich mag keine Pferde." Daraufhin polterte Ushigorō: „Das ist ja merkwürdig, dass ein Samurai keine Pferde mag. Kannst du in einer Schlacht wirklich tapfer kämpfen? Vielleicht bist du gar kein echter Samurai?!" Dabei gab er dem Samurai einen festen Stoß. Als dieser nach seinem Schwert griff, das sich noch in einem Schutzbeutel befand, forderte Ushigorō ihn auf: „Streck mich nieder mit deinem Schwert, wenn du dich traust! Aber du traust dich sicher nicht. Dann werfe dich lieber zu Boden und bitte um Entschuldigung."

Vor vielen Zuschauern warf der Samurai sich zu Boden und bat Ushigorō um Entschuldigung. Dieser war sichtlich erfreut und wurde noch übermütiger. „Und jetzt schreibe mir in einfacher Schrift eine Entschuldigung."

Der Samurai schrieb etwas auf ein Stück Papier, wie der Pferdetreiber es gewünscht hatte.

Auf dem Papier stand: „Erstens: Ich bestätige, dass ich mich entschuldigt habe. Zweitens: Ich entschuldige mich, dass ich gesagt habe, ich mag keine Pferde.

Von Kazaki Yogorō an Herrn Ushigorō."

Anschließend ging der Samurai still den Berg hinab.

Wenig später gelangte das Gerücht nach Hakone, Samurai aus Akō hätten sich für ihren Herrn gerächt. Es wurde behauptet: „Der Samurai, der hier war, war einer dieser 47 herrenlosen Samurai."

„Wie bitte?", fragte sich Ushigorō, als er davon hörte. Sein Gesicht wurde zusehends blasser. Dann begriff er: „Jener Samurai plante, sich für seinen Herrn zu rächen und wollte daher nicht leichtsinnig handeln. Deswegen hielt er sich zurück und verfasste das Entschuldigungsschreiben."

Ushigorō änderte daraufhin sein Leben, verkaufte sein Pferd und zog nach Edo. Dort wurde er Grabwächter im Sengakuji-Tempel, wo die 47 Samurai begraben liegen.

35. DER DICHTER TACHIBANA NO AKEMI UND SEIN GEDICHTBUCH „DOKURAKU-GIN“

Tanoshimi wa
Asa oki idete
Kinō made
Nakarishi hana no
Sakeru miru toki

Freude herrscht, wenn ich morgens aufwache und die Blumen blühen sehe, die gestern noch nicht blühten.

Der Dichter Tachibana no Akemi wurde als erster Sohn eines Händlers in Echizen in der Nähe der Burg des Fürstentums Fukui geboren. Er jedoch dachte, dass Wissenschaft und Dichtung viel wichtiger als Handel seien, übergab daher das Erbrecht an seinen jüngeren Bruder und zog sich von der Welt zurück.

Er studierte bei dem Gelehrten Kodama Saburō, dem Schüler von Rai Sanyō, und bei dem Dichter Tanaka Ōhide, dem Schüler von Moto'ori Norinaga, und vertiefte seine Kenntnisse der Waka-Dichtung im Selbststudium.

Das Gedichtbuch „Dokuraku-gin“ hat Akemi mit etwa 53 Jahren verfasst. Er war zwar arm, fand aber immer kleine Dinge im Alltag, über die er sich freute und über die er mit Begeisterung schrieb.

Tanoshimi wa
Kusa no ihori no
Mushiro shiki
Hitori kokoro o
Shizumeoru toki

Freude herrscht, wenn ich in meiner Hütte die Strohmatte ausbreite und darauf sitzend mein Herz beruhige.

Der Daimyō des Fürstentums Fukui, Matsudaira Shungaku, schätzte Akemis Dichtkunst sehr, wollte ihm schon bald als Gehalt zehn Säcke Reis geben und befahl ihm schließlich, aus dem „Man'yōshū“ einige besondere Gedichte auszuwählen. Er suchte Akemi sogar in seiner Strohhütte auf. Das Verhältnis der beiden war durchaus ungewöhnlich.

Tachibana no Akemi verstarb, ohne die Meiji-Zeit zu erleben. Aber seine Werke, die von dem Dichter Masaoka Shiki und weiteren, späteren Dichtern sehr gelobt wurden, hatten großen Einfluss auf die Literatur der folgenden Generationen.

Auch heute noch werden seine Gedichte von wichtigen Personen im Ausland zitiert und er gilt international als bedeutender Dichter und Gelehrter der japanischen Klassiker.

仁
義
礼
悌
智
孝
信
忠

36. „NANSŌ SATOMI HAKKENDEN“ – EIN ROMAN

Der Roman „Nansō Satomi Hakkenden“ aus der schillernden, lebendigen Edo-Zeit handelt von der Tochter des Daimyō Satomi Yoshizane aus dem Lande Awa (heute: Präfektur Chiba), Prinzessin Fusehime, dem treuen Hund Yatsufusa und von acht Kriegern, die die Seelenperlen der Prinzessin bei sich trugen.

Alle acht treuen Hundekrieger[17] meisterten schwierige Situationen und ließen dabei immer Gerechtigkeit walten. Sie wurden vom Schicksalsfaden wieder zusammengeführt und bemühten sich gemeinsam um ihren Herrn Satomi.

Auf jeder der acht wundersamen Seelenperlen der Krieger war eines der folgenden Schriftzeichen eingraviert:

„Jin (Edelmut), Gi (Gerechtigkeit), Rei (Verehrung), Chi (Weisheit), Chū (Treue), Shin (Vertrauen), Kō (Kindespflicht) und Tei (Verehrung der Älteren).“

Jin steht für Jin'ai.	Das bedeutet, dass man mit anderen Menschen mitfühlen soll.
Gi steht für Seigi.	Das bedeutet, dass man sich immer für andere einsetzen soll, ohne an den eigenen Vor- oder Nachteil zu denken.
Rei steht für Reisetsu.	Das bedeutet, dass man um der Ordnung willen die Regeln respektieren und einhalten soll.
Chi steht für Chie.	Das bedeutet, dass man zuerst alles überdenken und dann die beste Entscheidung treffen soll.
Chū steht für Chūgi.	Das bedeutet, dass man für andere Menschen sein Bestes geben soll.
Shin steht für Shinrai.	Das bedeutet, dass man niemanden belügen darf und anderen Menschen vertrauen soll.
Kō steht für Kōko.	Das bedeutet, dass man seine Eltern verehren und seine Ahnen schätzen soll.
Tei steht für Kōtei.	Das bedeutet, dass man Ältere ehren, ihnen dienen und nachfolgen soll.

Ein großer Schriftsteller der Edo-Zeit, Kyokutei Bakin, begann im Jahr 1814 (Bunka 11) an diesem Abenteuerroman zu schreiben und vollendete ihn 28 Jahre später. In diesem unheimlichen Roman werden konfuzianistische Tugenden lebendig durch die acht Seelenperlen repräsentiert.

Dieser Roman, „Nansō Satomi Hakkenden“, der die volkstümliche Kultur, das Kabuki-Theater und das Jōruri[18], das japanische Puppenspiel, beeinflusste, feierte im Jahr 2014 (Heisei 26) sein 200stes Jubiläum. Vor 200 Jahren wurde er zum ersten Mal veröffentlicht. Noch heute lieben ihn viele Menschen und lesen ihn gerne.

[17] Jeder der acht Krieger führt das Zeichen für Hund (jap. inu) in seinem Namen, da sie der keuschen Verbindung der Prinzessin mit dem treuen Wachhund entsprungen sind.

[18] Jōruri ist eine Form traditioneller japanischer Erzählmusik, in der ein Schauspieler zur Begleitung einer Shamisen singt.

37. YOSHIDA SHŌINS WILLE

Yoshida Shōin, Samurai des Chōshū-Clans, war ein so hochbegabtes Kind, dass er mit elf Jahren vor dem Fürsten des Clans, Mōri Takachika, einen Vortrag halten konnte.

Es heißt, er habe, nachdem er zu einem Mann herangewachsen war, eine Studienreise durch ganz Japan unternommen, weil er sein Wissen vertiefen und ein Mann werden wollte, der der Gesellschaft von Nutzen ist.

Wenig später näherten sich zunehmend europäische und amerikanische Schiffe japanischen Küstengewässern, wodurch Japan in eine von europäischen und amerikanischen Kräften bedrohte Lage geriet. Erst als der amerikanische Seeoffizier Perry[19] im Jahr 1853 (Ka'ei 6) mit den sogenannten Schwarzen Schiffen in Japan ankam, wurde Shōin klar, dass er ins Ausland gehen und dort studieren müsse, um das, was er durch die Isolierung seines Landes versäumt hatte, nachzuholen.

Als Perry im nächsten Jahr zum zweiten Male nach Japan kam, plante Shōin illegal, d. h. ohne Erlaubnis der Behörden, nach Amerika zu reisen. Er ging an Bord des Schwarzen Schiffes, und Kapitän Perry war sehr überrascht, Shōin dort zu erblicken. Es heißt, Perry war über Shōins starken Willen erstaunt und gewann von ihm den Eindruck, dass die Japaner ein stolzes Volk seien, die für ein höheres Ziel bereit waren, ihr Leben zu opfern.

Shōin gelang es jedoch nicht, heimlich ins Ausland zu gelangen. Stattdessen wurde er wegen Hochverrats ins Gefängnis gebracht. Aber auch im Noyama-Gefängnis seiner Heimatstadt Hagi betrieb Shōin weiterhin seine Studien und lehrte die Sträflinge die Bedeutung der Wissenschaften. Nach seiner Entlassung gründete er die Shōkason-Privatschule. Viele Menschen, die diese Schule absolvierten, spielten später in den sehr bewegten Zeiten vom letzten Shogunat bis zur Meiji-Zeit eine bedeutende Rolle.

„Die wahre Wissenschaft dient zur Ausbildung der eigenen Kräfte, damit man sich hart arbeitend für die Gesellschaft und andere Menschen einsetzen kann." Shōin, der seine Gesinnung klar darlegte, wurde im Zuge der großen Säuberung während der Ansei-Zeit[20] hingerichtet. Seine Schüler setzten sein Wirken fort und wurden zu einer treibenden Kraft der Meiji-Restauration.

19 Mathew Calbraith Perry, 1794–1858.

20 In den Jahren 1858 und 1859 ließ das Shogunat über hundert Personen verhaften und hinrichten.

38. DER MUTIGE UND TAPFERE TORII SUNE'EMON

Diese Geschichte handelt von der Verteidigung der Burg Nagashino durch Okudaira Nobumasa, einem Untertanen von Tokugawa Ieyasu, und seinen knapp 500 Soldaten.

Als diese Burg von der großen Armee Takeda Katsuyoris mit 15 000 Soldaten belagert und außerdem die Versorgungswege versperrt wurden, stand die Burg kurz vor dem Fall. Aber man schickte einen Vasallen namens Torii Sune'emon zur Burg Okazaki, in der sich Ieyasu befand, um Hilfe zu erbitten.

Die Burg Nagashino stand auf einer Insel zwischen zwei Flüssen. Daher musste Sune'emon durch das Wasser tauchen, um durch die feindlichen Truppen zu gelangen. Noch bevor der Morgen dämmerte, stieg er auf den Ganbō-Pass und entzündete ein Feuer als Zeichen seiner sicheren Ankunft.

In der Burg Okazaki lobte Ieyasu Sune'emons Tapferkeit und versprach, die Armee zur Verteidigung der Burg Nagashino mit einer Hilfsarmee unter Nobunagas Führung verstärken zu wollen.

Doch als Sune'emon zu seiner Burg zurückkehren wollte, wurde er von Feindestruppen gefangen genommen. Er wurde zu Katsuyori gebracht. Dieser sprach zu ihm: „Du bist ein bewundernswerter Samurai. Wenn du zu deinen Leuten in deiner Burg sagen würdest, dass keine Hilfsarmeen kommen und man sich ergeben solle, dann könnte ich dein Leben retten. Außerdem könntest du mein Vasall werden."

„Das ist kein Problem", antwortete Sune'emon und willigte sofort in Katsuyoris Bedingungen ein.

Als Sune'emon von den feindlichen Samurai zum Fuße der Burg gebracht wurde, rief er seinem Herrn Nobumasa und seinen Kameraden zu: „Fürst Nobunaga schickt 30 000 Soldaten zur Unterstützung und Fürst Ieyasu schickt 20 000 seiner Leute. Ihr müsst nur noch etwas Geduld haben!"

Da tobte Katsuyori vor Zorn und schlug Sune'emon vor der Burg ans Kreuz.

Damit sein Tod nicht umsonst war, kämpften Nobumasas Leute solange gegen den Feind, bis Unterstützung durch die anderen Armeen kam. Dadurch gelang es ihnen, die Burg zu verteidigen.

39. AKECHI MITSUHARU UND DIE EHRENHAFTE SEEDURCHQUERUNG

Akechi Samanosuke Mitsuharu (Hidemitsu) war ein führender Vasall des Fürsten Akechi Mitsuhide.

Am 14. Juni 1582 (Tenshō 10) erhielt Mitsuharu die traurige Nachricht, sein Herr Mitsuhide sei bei der Schlacht von Yamazaki von Hashiba Hideyoshi besiegt und dabei ermordet worden. Akechi Mitsuharu zog sich von der Burg Azuchi, die er nach dem Vorfall im Honnōji-Tempel[21] eingenommen hatte, mit wenigen Soldaten in die der Familie Akechi gehörende Burg Sakamoto zurück. Auf dem Weg dorthin trafen sie am Uchide no hama-Strand des Biwa-Sees auf die feindliche Vorhut der Truppen von Hideyoshi unter der Führung von Hori Hidemasa. Ein Kampf begann, doch die Lage war durchaus ungünstig für Mitsuharu.

Plötzlich geschah etwas Unerwartetes. Mitsuharu wollte sich geradewegs zur Burg Sakamoto begeben und ritt mit seinem Pferd in den Biwa-See hinein. Die feindliche Truppe war darüber sehr erstaunt. Ohne den Feind zu beachten, hatte Mitsuharu sein Lieblingspferd Ōkage schwimmen lassen und konnte auf- und untertauchend das andere Ufer des Sees wohlbehalten erreichen. „Dank dir konnte ich den See überqueren", bedankte er sich bei seinem Lieblingspferd. Und er nahm einen Zettel aus seiner Tasche, auf den er schrieb: „Dieses Pferd brachte mich wohlbehalten über den See!", band den Zettel an der Mähne fest und ließ es laufen.

Nachdem Mitsuharu auf der Burg Sakamoto eingetroffen war, überlegte er, dass Teeutensilien und einzigartige Kunstwerke nicht durch Kriege verloren gehen dürften und stellte ein Verzeichnis von all diesen Gegenständen zusammen. Dieses übergab er Hideyoshis General. Danach beging er gemeinsam mit seiner Gattin sowie mit der Gattin von Akechi Mitsuhide und Mitsuhides Kindern Selbstmord und ließ seine Burg in Brand setzen.

Es wird behauptet, dass das berühmte Pferd, das Mitsuharu freigelassen hatte, das Lieblingspferd Fürst Hideyoshis wurde und fortan zu seinen Siegen beitrug.

Und so wird die Geschichte der „ehrenhaften Seedurchquerung", die vom Mut Mitsuhides zeugt, als letztes Kapitel der Geschichte der Burg Azuchi überliefert.

[21] Der Angriff auf den Honnōji-Tempel erfolgte am 21. Juni 1582 (nach dem Tenshō-Kalender: 2. Juni Tenshō 10) am frühen Morgen.

40. DER ÜBERFALL DER 47 SAMURAI

Vor etwa 300 Jahren nutzte Kira Kōzukenosuke Yoshihisa, der sich mit allen Schriften der Muromachi-Zeit auskannte und der die Umgangsformen innerhalb der Shogunatsregierung streng kontrollierte, seine Stellung aus, um bei jeder Gelegenheit Bestechungsgeld von verschiedenen Fürsten zu erhalten.

Der Fürst der Burg Akō, im Land Harima (heute: Präfektur Hyōgo), Asano Takumi no Kami Naganori, war jedoch eine integere Person und wollte Kōzukenosuke kein Bestechungsgeschenk machen. Deswegen wurde er nicht darüber unterrichtet, wie er sich im Palast zu verhalten habe und fiel dort in ewige Schande.

Auf dem großen Kiefern-Korridor der Burg Edo begegneten sich Takumi no Kami und Kōzukenosuke. Kōzukenosuke wurde übermütig und beschimpfte Takumi no Kami als „ahnungslosen Landsamurai" und schlug ihn mit seinem Fächer ins Gesicht. Daraufhin verlor dieser die Geduld, zog seinen Dolch und ging damit auf Kōzukenosuke los. Dieser kam mit einer Wunde an der Stirn davon. Er befahl Takumi no Kami, Seppuku zu begehen. Das Territorium des Fürstentums Akō wurde beschlagnahmt.

Sein Burgvogt Ōishi Kuranosuke Yoshio und die anderen 46 nun herrenlosen Samurai erfuhren durch das Testament ihres Herrn Takumi no Kami alles, was diesem widerfahren war. Sie räumten und übergaben die Burg und bereiteten sich mit aller Vorsicht darauf vor, ihren Herrn zu rächen, ohne dabei von ihren Feinden entdeckt zu werden. Sie nahmen alle möglichen Schwierigkeiten in Kauf und warteten auf die passende Gelegenheit.

Mitten in der Nacht des 14. Dezember 1702 (Genroku 15) griffen sie endlich Kiras Residenz an und Ōishi Kuranosuke Yoshio schlug seine Yamaga-Kriegstrommel. Die Trommel durchbrach die Stille der Nacht und klang weit in die Ferne hinaus, und die Atmosphäre war aufgeladen vom Kampfesgeist der eindringenden Samurai.

Am Ende wurde Kōzukenosuke, der sich in seinem Holzkohlespeicher versteckt hatte, der Kopf abgeschlagen. Die treuen Samurai hatten die Schmach ihres Herrn nun gerächt.

41. KAJIWARA KAGETOKI RETTET YORITOMO

Diese Geschichte handelt von der Schlacht auf dem Berg Ishibashi, wo Minamoto no Yoritomo gegen Ōba Kagechika, der auf der Seite der Heike-Familie stand, kämpfte. Sie fand im August 1180 (Jijō 4), zum Ende der Heian-Zeit, statt.

Yoritomo befand sich zusammen mit 300 Reitern auf dem Berg Ishibashi und kämpfte tapfer gegen die Truppe von Ōba, die aus ungefähr 3 000 Reitern bestand. Gegen diese Übermacht hatten Yoritomos Soldaten jedoch keine Chance. Daher floh er gemeinsam mit den verbleibenden sieben oder acht Samurai und versteckte sich in einer Höhle des Berges. Bereits wenig später näherten sich seine Verfolger, Ōba Kagechika, Kajiwara Kagetoki und die Samurai der Heike-Familie, die ihm sofort nachgejagt waren.

Kagetoki, der die Höhle aufgespürt hatte, ergriff sein Schwert und betrat den Unterschlupf. Die Samurai hielten den Atem an. Unter ihnen befand sich ein Samurai, dessen noble Gesinnung man auf den ersten Blick erkennen konnte. Es war der Anführer, Yoritomo. Dieser war ein tapferer Held, der selbst in einer aussichtslosen Schlacht unerschrocken kämpfte, ebenso ein trefflicher und vornehmer Mann, vermutlich von hoher Abstammung aus der Hauptfamilie der Genji. In diesem Augenblick erinnerte sich Kagetoki wieder an seine Kriegerehre und sprach zu ihm: „Ich möchte euch retten. Bitte bleibt ganz ruhig!"

Mit seinem Schwert löste er ein Spinnennetz, verließ damit die Höhle und erklärte seinen Männern: „Es ist so, wie ich vermutet habe. Seht dieses Spinnennetz. In dieser Höhle gibt es nur Spinnennetze und es wäre besser, wenn wir woanders nach Yorimoto suchten."

Kagetoki und einige Samurai aus dem Osten Japans waren früher Vasallen der Genji-Familie. Mit der Zeit schlossen sie sich zwar der hochmütigen Heike-Familie an, aber nun entwickelten sie ein starkes Gefühl der Loyalität und wollten den Anführer der Genji-Familie retten, der dem Dekret von Prinz Mochihito[22] folgend seine Armee aufgestellt hatte.

Aufgrund dieser Tat wurde Kagetoki später von Yoritomo als Vasall aufgenommen und nahm eine besondere Rolle bei ihm ein.

[22] Prinz Mochihito (1151–1180) war der dritte Sohn von Kaiser Go-Shirakawa. Es ist bekannt, dass er das Dekret von Genji erlassen hat und die Genji aufforderte, die Heike zu besiegen.

42. SANADA YUKIMURA UND DIE SCHLACHT VON OSAKA

Im Dezember 1614 (Keichō-Zeit 19) hatte die Tokugawa-Armee die Burg Osaka umlagert und griff in dichtem Nebel die am südwestlichen Tor gebaute Festung vor dem Hauptschloss namens Demaru (Sanada-Maru) an. Diese Schlacht wird auch „Winterschlacht von Osaka" genannt. Es war die Schlacht des Angriffs auf und der Abwehr am Sanada-Maru.

Sanada Yukimura (Nobushige), der die Festung Sanada-Maru und die Burg eisern verteidigte, führte die feindliche Tokugawa-Armee mit einer besonderen Strategie und geheimen Waffen an der Nase herum und hielt sie dadurch fern. Er kämpfte tapfer und waghalsig.

Am 22. Dezember 1614 mussten die Gräben der Burg Osaka nach Friedensverhandlungen zugeschüttet werden. Damals bot Ieyasu an, Yukimura 100 000 Koku Reis[23] oder Land in Shinano zu geben, wenn er auf die Tokugawa-Seite überlaufe. Aber Yukimura lehnte dieses Angebot mit Vehemenz ab.

Am 7. Mai des nächsten Jahres griff Yukimura dreimal das Hauptheerlager von Tokugawa Ieyasu an. Yukimura trug eine prächtige Rüstung mit rot eingeflochtener Schnur, und auch sein Pferd war rot geschmückt. Seine Gefolgsleute trugen rote Rüstungen und Kriegsfahnen. Sie kämpften mit kreuzförmigen Speeren. Man sagt, Ieyasu habe sich während der „Sommerschlacht von Osaka" darauf vorbereitet, Seppuku (rituellen Selbstmord) zu begehen, nachdem das Banner von seinem Pferd geschlagen wurde und keiner seiner Vasallen mehr auf dem Pferd saß.

Sanada Yukimura, der fast sein ganzes Leben als Gefangener oder auf Wanderschaft verbrachte, kämpfte in den beiden Schlachten von Osaka mit größtem Einsatz und fiel infolge großer Erschöpfung.

Er ahnte bereits, dass er besiegt würde, aber trotzdem wollte er sich als Samurai auf der Toyotomi-Seite nicht zurückziehen und kämpfte tapfer gegen die Tokugawa-Truppen. Seine Tapferkeit wurde später zur Heldenlegende und fand Einzug in die volkstümliche Kunst, z. B. im Kabuki-Theater, im Jōruri, im Kōdan[24] sowie in Romanen.

Von Yukimuras Tapferkeit wird heute noch erzählt.

[23] Früher gab man das Vermögen oder den Sold einer Person in Koku Reis an. Ein Daimyō verfügte über mindestens 10 000 Koku Reis (1 Koku sind ca. 180 l) pro Jahr.

[24] Kōdan ist ein Stil des traditionellen, mündlichen, japanischen Geschichtenerzählens. Die Form entstand aus Vorträgen über historische oder literarische Themen.

43. GÖTTIN AMATERASU UND DAS SCHÖNE LAND ISE

Die Göttin der Sonne, Amaterasu, die die Welt der Götter regierte, schickte ihren Enkelsohn Ninigi no Mikoto in das Land Ise. Sie gab ihm einen kostbaren Spiegel mit und befahl: „Hüte diesen Spiegel so, als ob ich es selbst wäre."

Dieser Spiegel heißt Yata no Kagami, Yata-Spiegel, und wurde von der Kaiserfamilie seitdem im Schloss verwahrt. Da aber Kaiser Sujin Angst hatte, ihn als Reichsinsignie dort weiterhin aufzubewahren, brachte er ihn in das Dorf Kasanui in Yamato (heute: Präfektur Nara). Prinzessin Toyosuki Irihime no Mikoto sollte ihn dort behalten. Es heißt, das sei der Ursprung des späteren Saiō-Brauchs.

Anschließend, während der Regentschaft Kaiser Suinins, suchte Prinzessin Yamato hime no Mikoto einen neuen, passenden Ort für die Aufbewahrung dieses Spiegels und unternahm als Gehilfin der Göttin Amaterasu eine weite Reise. Sie reiste durch Yamato, Iga (heute: Präfektur Mie), durch Ōmi (heute: Präfektur Shiga), Mino (heute: Präfektur Gifu) und durch Owari (heute: Präfektur Aichi), bevor sie endlich das Land Ise erreichte.

Dort angekommen, sprach Amaterasu zu ihr: „Ise, dieses Land des göttlichen Windes, ist ein schönes Land. Ewig werden die Wellen an seine Ufer schlagen, und es liegt ganz in der Nähe von Yamato. Ich möchte hierher kommen und hier leben."

Als Prinzessin Yamato hime no Mikoto dies hörte, kam sie dem Wunsch Amaterasus nach und baute ganz in der Nähe des Flusses Isuzu einen Schrein, Isonomiya genannt, und verehrte Amaterasu dort.

Auf diese Weise hatte Amaterasu das Land Ise zu ihrem ewigen Heimatland gewählt. Es wurde zur Heimat der japanischen Seele. Später wurde dort der Kōtai-jingū (Innerer Schrein des Ise-Jingū) errichtet.

TOKYO 1964
美しい首都で
東京オリンピックを
成功させよう
JAPAN
日本

44. DIE ERSTE OLYMPIADE IN JAPAN DANK WADA ISAMU

Im Jahre 1964 (Shōwa 39) fanden die Olympischen Spiele zum ersten Mal in Japan, in Tokyo, statt. Wegbereitend war dabei Fred Isamu Wada, in Japan nennt man ihn Wada Isamu. Er wurde 1907 (Meiji 40) in Washington geboren, war japanischstämmiger Amerikaner der zweiten Generation und zum Mitglied im Vorbereitungskomitee der Olympiade in Tokyo gewählt worden. Seine Familie war so arm, dass er es seit seiner Kindheit sehr schwer hatte. Doch dank seiner großen Anstrengungen gelang es ihm, ein sehr geschätzter Geschäftsmann zu werden.

Im Jahr 1941 (Shōwa 16) brach Krieg zwischen Japan und Amerika aus. Aus diesem Grund musste er von Kalifornien, wo er damals arbeitete, nach Utah umsiedeln und führte dort bis zum Kriegsende, hin und her gerissen zwischen seinen „beiden Heimatländern", ein beschwerliches Leben.

Nach dem Krieg nahm er seine Arbeit in Los Angeles wieder auf. Außerdem kümmerte er sich aufopferungsvoll um japanische Sportler, die Amerika besuchten, wo es immer noch viele Vorbehalte gegenüber Japanern gab. Auch stellte er damals Furuhashi Hironoshin, der den damaligen Weltrekord im Schwimmen aufgestellt hatte, und weiteren japanischen Schwimmern sein eigenes Haus zur Verfügung. Dabei hegte er den innigen Wunsch, durch den Sport der Welt das wahre Gesicht der Japaner und den Wiederaufbau des Landes zu zeigen.

Um die Olympischen Spiele nach Tokyo zu bringen, bereiste Wada mit seiner Frau auf eigene Kosten und ohne Rücksicht auf seine Firma über einen Monat hinweg zehn Länder in Süd- und Mittelamerika, um deren Zustimmung dafür zu erhalten. Ferner setzte er sich dafür ein, die nächste Olympiade nach Mexiko zu bringen, als Dank für die Unterstützung Mexikos bei der Ermöglichung der Olympischen Sommerspiele in Tokyo.

Aufgrund all dieser Bemühungen Wadas konnte Japan endlich wieder in die Völkergemeinschaft zurückkehren. Durch die Olympischen Spiele in Tokyo im Jahre 1964 erlebte Japan nicht nur einen wirtschaftlichen Aufschwung, die Spiele wurden auch dafür gelobt, tief in den Grundgedanken der olympischen Idee, des Weltfriedens und der Bildung des Menschen, verwurzelt zu sein.

„WEIẞE CHRYSANTHEME“ – FEUERWERK IN NAGAOKA

45. „WEIßE CHRYSANTHEME" – FEUERWERK IN NAGAOKA

Am 1. August 1945 (Shōwa 24) wurde die Stadt Nagaoka in der Präfektur Niigata durch die Luftangriffe der amerikanischen Truppen vollständig zerstört. 1486 Bewohner Nagaokas fielen den Bomben zum Opfer.

Zum Gedenken lässt man in Nagaoka jedes Jahr an diesem Tag, d. h. am 1. August, genau um 22.30 Uhr, sowie am 2. und 3. August zu Beginn der Trauerfeier das Feuerwerk „Weiße Chrysantheme" entzünden. Mit dem Aufsteigen dieser „weißen Chrysanthemen" beten die Menschen für die Opfer, danken gleichzeitig den Mitmenschen, die zum Wiederaufbau Nagaokas beigetragen haben und wünschen Frieden auf der ganzen Welt.

Kase Seiji, der als Spezialist für Feuerwerke und insbesondere als Vertreter des Feuerwerks in Nagaoka weltbekannt ist, ließ im Jahr 1990 (Heisei 2) am Ufer des Amurs in der russischen Stadt Chabarowsk 3000 Feuerwerke zünden. Dieser Feuerwerksmeister geriet nach dem Zweiten Weltkrieg für drei Jahre in sibirische Gefangenschaft. In dieser Zeit verstarben seine Kameraden. Um für seine verstorbenen Kriegskameraden zu beten, kehrte er in die Stadt zurück und entzündete zu diesem Anlass jenes Feuerwerk. Damals hatte er seine gesamten Gefühle in die Vorbereitung der „weißen Chrysantheme" gesteckt. Dieses Feuerwerk, das den Nachthimmel über dem Amur bunt färbte, begeisterte mehr als 300 000 Zuschauer. Es war ein großer Erfolg!

Am nächsten Tag besuchte Meister Kase den japanischen Gefallenenfriedhof und anschließend auch den Friedhof der gefallenen sowjetischen Soldaten. Kase beteuerte: „Ich fand erst meinen Seelenfrieden, nachdem ich die beiden Friedhöfe der gefallenen Soldaten besuchen konnte."

Am 15. August 2015 (Heisei 27) wurde das Feuerwerk, die „Weiße Chrysantheme", auch in Pearl Harbor in Honolulu gezündet. Mehr als 70 Jahre nach dem Ende des Zweiten Weltkrieges vermittelt dieses Feuerwerk aus Nagaoka immer noch Menschen auf der ganzen Welt den Friedenswunsch der Japaner.

Die deutsche Ausgabe erscheint mit freundlicher Genehmigung des Budokan Verlags, Tokyo.

Herausgegeben durch die Deutsch-Japanische Gesellschaft Trier e.V.
www.djg-trier.de

Mit freundlicher Unterstützung durch
JT International Germany

Bibliografische Information
der Deutschen Nationalbibliothek

Die Deutsche Nationalbibliothek verzeichnet diese Publikation in der Deutschen Nationalbibliografie; detaillierte bibliografische Daten sind im Internet über http://dnb.d-nb.de abrufbar.

ISBN 978-3-86205-608-8

Umschlaggestaltung: Eveline Gramer-Weichelt, Planegg
Druck: Totem Inowrocław

www.iudicium.de